How to Talk About Yourself in English in One Minute

＊本書は2006年に刊行された『CD付 1分間英語で自分のことを話してみる』を一部改訂し、オールカラー化した改訂新版です。

はじめに

「どこで英語を勉強したのですか」と聞かれることがよくあります。私の経歴を見た人からこんな質問が出るのも当然かもしれません。大学では経営学の専攻でしたし、大学院はさらに英語教育とは無縁の畜産大学で、「ECの共通農業政策」が研究テーマでした。しかも、英語圏での留学経験もありません。

大学時代にESA (English Studies Association) で「英語を武器に海外で働きたい」という仲間たちと英語を学んだことが、今の私の大きな糧になりました。留学組が多くなった日本の英語界では、私のような国内組はもはや少数派になりつつあります。私が経営する英語学校でも、日本人講師のほとんどが海外留学から戻ってきた人たちです。

しかし、当時は英語教育的には決して恵まれていなかった北海道で、外国人に会うこともほとんどなかった時代に、自ら工夫して地道に英語を勉強したことが、実は私にとって幸運だったのです。おかげで、自分の英語力をアップさせるそれぞれの段階で、タイムリーな勉強法を考え出すことができました。そして、それらの体験が英会話書の出版や教授法のヒントになっているのです。

ショートスピーチを会話に役立てるというやり方は、そこそこ英会話はできるようになったけれど、まとまったことが話せなかった大学2年生のころに考え出したものです。英語スピーチコンテストへの出場がそのきっかけになりました。詳しくは、「スピーチで発信型の英語に強くなる」をお読みください。

本書は、1992年に出版されロングセラーになった『自分を語る英会話』(ジャパンタイムズ) を大幅に改稿し、新たにCDをつけたものです。

最後になりましたが、企画段階からアドバイスをいただいた阿部一先生 (阿部一英語総合研究所所長)、斎藤純一さん (㈱タイムアンドスペース代表取締役)、そして編集協力者の今村恭子さん、茅野夕樹さんのみなさんに心からお礼を申し上げます。

2016年6月　　　　　　　　　　　　　　　　　　　　　　浦島　久

Contents

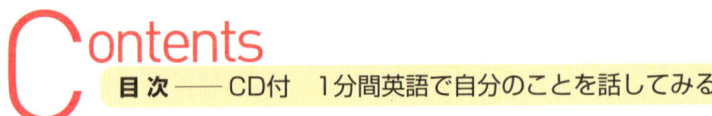

目次 ── CD付　1分間英語で自分のことを話してみる

はじめに…1
本書の効果的な使い方…6
スピーチで発信型の英語に強くなる…9

自分・家族について、こんなふうに話してみよう！

① **自己紹介**
　A▶明るい性格です…20　B▶内気な性格です…22
② **ふるさと**
　A▶生まれたのは小さな町です…24
　B▶都会生まれでふるさとがありません…26
③ **学校**
　A▶学生時代はけっこう楽しかったです…28
　B▶出来の悪い学生でした…30
④ **健康**
　A▶健康には気を配っています…32
　B▶生活習慣はよくないほうです…34
⑤ **家族**
　A▶幸せな家庭生活を送っています…36　B▶私は一人っ子です…38
⑥ **両親**
　A▶両親は田舎で農業をしています…40
　B▶父が寝たきりで母が介護しています…42
⑦ **子ども**
　A▶子どもは3人います…44　B▶子どもはちょっと苦手です…46
⑧ **友だち**
　A▶友だちが私の財産です…48　B▶友だちはあまりいません…50

Contents

日常生活について、こう言えばうまく伝わる！

⑨ 食べ物
　Ａ▶食べ物は何でも好きです…54
　Ｂ▶食べることにあまり興味がありません…56

⑩ レストラン
　Ａ▶よく外食をします…58　Ｂ▶目的によってお店を選びます…60

⑪ コーヒー
　Ａ▶私はコーヒー党です…62　Ｂ▶喫茶店によく行きます…64

⑫ 喫煙
　Ａ▶禁煙しようと考えています…66　Ｂ▶私はタバコをやめません…68

⑬ 買い物
　Ａ▶ショッピングが好きです…70　Ｂ▶買い物は疲れるので嫌いです…72

⑭ 服装
　Ａ▶服装には気をつかいます…74　Ｂ▶服装には無頓着なほうです…76

⑮ 家
　Ａ▶すてきな家で気に入っています…78　Ｂ▶狭いアパート暮らしです…80

⑯ 週末
　Ａ▶週末はいつも外出します…82
　Ｂ▶週末も会社に行きたいほうです…84

趣味や余暇で「自分らしさ」をうまく出そう！

⑰ 旅行
　Ａ▶旅行は大好きです…88
　Ｂ▶旅行するより家でゆっくり過ごしたいです…90

⑱ 音楽
　Ａ▶音楽は生活のすべてです…92
　Ｂ▶音楽はただ聞いているだけです…94

⑲ **映画**
　A▶ 映画をよく見ます… 96　　B▶ 最近の映画はあまり見ません… 98
⑳ **読書**
　A▶ 特に恋愛小説をよく読みます… 100　　B▶ 読書は時間の無駄です… 102
㉑ **英語**
　A▶ 楽しく英語を勉強しています… 104　　B▶ 英語は苦手です… 106
㉒ **パソコン**
　A▶ パソコンは好きです… 108　　B▶ コンピュータが好きになれません… 110
㉓ **テレビ**
　A▶ テレビをよく見ます… 112　　B▶ くだらないテレビ番組が多いです… 114
㉔ **スポーツ**
　A▶ スポーツは好きです… 116　　B▶ スポーツは苦手です… 118

会社・仕事の話題をふくらまそう！

㉕ **会社**
　A▶ 大きな会社に勤めています… 122
　B▶ 小さな会社に勤めています… 124
㉖ **仕事**
　A▶ 仕事は好きです… 126　　B▶ 仕事はお金のためです… 128
㉗ **通勤**
　A▶ 毎日、電車で通勤しています… 130　　B▶ 通勤は苦痛です… 132
㉘ **給料**
　A▶ いい給料をもらっています… 134　　B▶ 給料が少なすぎます… 136
㉙ **上司**
　A▶ いい上司に恵まれています… 138　　B▶ ひどい上司で困っています… 140
㉚ **同僚**
　A▶ 同僚とはうまくやっています… 142　　B▶ 嫌な同僚もいます… 144
㉛ **転勤**
　A▶ 転勤は多いのですが、楽しみです… 146
　B▶ 転勤は嫌いですが、仕方がありません… 148

Contents

㉜ **退職**
A ▶ そろそろ退職後のことを考えています… 150
B ▶ 退職後の生活が不安です… 152

社会・人間に関して、自分の意見を伝えよう！

㉝ **自然**
A ▶ 美しい自然が大好きです… 156
B ▶ 自然を守るために協力すべきです… 158

㉞ **環境**
A ▶ 環境を大切にすべきです… 160　B ▶ 環境保護より経済が大事です… 162

㉟ **教育**
A ▶ 日本の教育制度はよいと思います… 164
B ▶ 日本の教育には問題があります… 166

㊱ **科学**
A ▶ 科学は私たちの生活を快適にします… 168
B ▶ 科学によって生活は昔より本当によくなったでしょうか… 170

㊲ **政治**
A ▶ 私は政治に関心があります… 172
B ▶ 政治は専門家に任せればいいと思います… 174

㊳ **経済**
A ▶ 日本の経済が気になります… 176
B ▶ 物価は高いし、生活は厳しいです… 178

㊴ **恋愛**
A ▶ お付き合いしている人がいます… 180
B ▶ 真実の愛はなかなか見つかりません… 182

㊵ **平和**
A ▶ 戦争は絶対に許せません… 184
B ▶ 場合によっては戦争もやむを得ません… 186

索引 日本語から引く英語表現… 189

本文イラスト／かたおか　ともこ
本文デザイン／浦郷　和美

本書の効果的な使い方

　本書は、学習者によってさまざまな使い方が考えられます。ここで紹介する2つの例は、その代表的なものです。

● 一般的な学習に使う

① 興味のあるトピックを選ぶ

　本書には、会話の話題にのぼりそうな40のトピックが紹介されています。最初から順番にやる必要はありません。興味があるトピックから始めてください。

② CDで聴いてみる

　話せるようになるためには、聴く訓練も大事です。テキストを見ないで、どれだけ理解できるかまず聴いてみましょう。その結果がどうであれ、気にする必要はありません。

③ 意味や語法を確認する

　英文を黙読（あるいは音読）して、理解できないところは、★覚えておくと得する表現・語句や 日本語で確認！ などを参考にしてください。スピーチ全体の内容を把握しましょう。

④ 繰り返し音読する

　最初は、CDをかけながら小さな声で発音やイントネーションをまねしましょう。自信がついてきたら、CDを聴かずに今度は大きな声で読んでみてください。できるだけ速く、そして単語を一つひとつ読むのではなくチャンク（かたまり）で読むようにするのがコツです。

⑤ シャドーイングする

　CDのスピーチを途中で止めずに流して、耳に聞こえてきた英語を次々と口に出してください。あまり大きな声でやると次の英語が聞こえなくなってしまいます。ヘッドフォンを使えば、大きな声でも支障はありません。

● 自分に合ったスピーチを作る

① 興味のあるトピックを選ぶ

　本書で取り上げた40のトピックの中から、自分が話してみたいと思うトピックを選んでください。

② 意味や語法を確認する

　英文を黙読（あるいは音読）しながら、 パターン A と パターン B のスピーチの内容をチェックしましょう。その際、★覚えておくと得する表現・語句や 日本語 で確認！ などが役に立ちます。

③ パターンAかBを参考にする

　各トピックには、 パターン A と パターン B の2つのショートスピーチ例があります。それぞれのスピーチは、ゆっくり読んで1分程度のものです。普通にありそうな内容を話し言葉にしてあります。基本的には、 パターン A は「肯定的」なもの、 パターン B は「否定的」なものです。2つのスピーチ例を読んで、自分の考えにより近いものを選んでください。

④ 自分に合ったスピーチを作る

 パターン A か パターン B をそのまま使える人はラッキーです。しかし、少し変えたいと思う人は、★覚えておくと得する表現・語句や😊使える応用表現！を利用することができます。あるいは辞書などを参考にして言いたいことを付け加えてください。知り合いにネイティブがいれば、英文をチェックしてもらうとさらにいいでしょう。

⑤ 繰り返し音読する

 スピーチは暗記する必要はありません。目の前にだれかいることを想定し、話しかけるように読んでみましょう。何度も音読することでスピーチが自分のものとして定着していきます。

⑥ 実際に試してみる

 機会を見つけて、それまで練習してきた成果を試してみましょう。スピーチ全体を使う必要はありません。相手と会話する場合には、その一部を利用すればよいのです。

スピーチで発信型の英語に強くなる

浦島　久

1 「英語が出てこない！」

　私が英語学習に最も多くの時間を費やしたのは、大学での4年間でした。今考えると、これはとてもラッキーなことだったのかもしれません。理由は、大学入学時が単語を一番多く覚えていた時期だったからです。しかも、受験文法レベルの理解でしたが、文法の知識もかなり頭に入っていました。そんな時期に集中的に使える英語を勉強するのは、とても効果的だったと思います。

　当時の私にとって英語は受験科目であって、コミュニケーションの道具という感覚はまったくありませんでした。教科書を声に出して読むことさえもできなかったと思います。高校の授業ではそのようなことは要求されなかったからです。

　初めて受けた外国人教師による英会話の授業はショックでした。今思い出してもゾッとします。**彼が話す英語がわからなかっただけでなく、自分の口から単語1つすら出てこなかったのです。**そのことがきっかけで、ESA（English Studies Association）に入会しました。あのときの決断がなければ、今こうして北海道帯広市で英語学校を

経営したり、英会話書を出版したりすることはなかったでしょう。

ESAではあらゆる経験をさせてもらいました。端的に言えば、4技能（聞く・話す・読む・書く）を伸ばす英語学習を行なうことができたのです。その活動は英会話という枠を越え、ディスカッション、スピーチ、ディベート、通訳、英字新聞の編集など、多岐にわたりました。たぶん、大学の英語学科で学ぶ以上のことを経験することができたと思います。

ESAに入った当初は、なかなかリスニング力や会話力がつきませんでした。でも、まじめに半年も活動に参加していると、英検2級に合格することはできました。現在の英検2級と比べると、かなり易しかったと思います。ところが、思うように英語が話せるようにはなりませんでした。「年数がたてば、クラブの先輩のように英語が話せるようになるのだろうか」そんな大きな不安を私は抱えていました。

2 コンテストが人生を変えた

そんなときに経験したのが、北海道在住の大学生を対象にした英語弁論大会でした。私たちのESAは、毎年1年生を中心に予選を開き、上位3名が本選に臨んでいました。自信などまったくなかった私でしたが、スピーチのタイトル「青い空とトイレットペーパー」と、中で使ったジョークが受けてしまい、なんと番狂わせで、その3人の1人に選ばれてしまったのです。

本選出場者の3人にはそれぞれ先輩が指導者としてついてくれたのですが、それからが地獄の日々の始まりでした。まず、私が書いたスピーチは先輩によってより洗練された英語に書き換えられ、もともとの原稿

は跡形もなくなりました。アメリカ人教師にそれをテープに吹き込んでもらい、それに合わせて読む練習をしようとしたのですが、私は基本単語の発音からやり直さなければならなかったのです。

　一つひとつの単語を正しく発音できるようになっても、次から次へと試練が待ち受けていました。まずは、それぞれの文をきちんとしたイントネーションで読むことができませんでした。まして、スピーチを暗記し、ジェスチャーをつけ、人前で披露するというのは至難の業でした。なにせ当時の私はとてもシャイな男だったのです。そういうわけで、度胸をつけるために、経済学の授業が始まる前、大講堂に集まった学生にスピーチを聞いてもらったりもしました。

　本選の日がやってきました。場所は、北海道大学のクラーク会館。あんな立派な舞台に立ったのは、初めての経験でした。そして、私の順番が回ってきました。スピーチの冒頭の"Don't forget to put paper in your pocket when you go out."を聞いた聴衆から笑いがこぼれました。その後はしだいにリラックスできて、いい雰囲気で無事終了。自分としては最高の出来でした。

　実は、このスピーチは当時大きな社会問題だった「公害」を扱ったもので、内容的には入賞してもおかしくないほどの仕上がりでした。つまり、プレゼンさえうまくやれば、入賞の可能性は十分あったのです。

　運命の発表です。「３位は…」という言葉の後に呼ばれたのは、なんと私の名前でした。まさに体が宙に浮くような瞬間を、今でもはっきり覚えています。たかがローカルな大会での３位入賞でしたが、そのときもらった盾は私の宝物です。そして、私が英語教育の道に入るきっかけを作ってくれたのがこのスピーチコンテストでした。

3 気がつくと、会話力が…

　実は、このスピーチコンテストにはおまけがついていました。**なんと会話力が向上したのです。**コンテスト終了後のクラブ活動で英語が滑らかに口から出るようになったのです。これには私も驚きました。特に環境問題に関するディスカッションでは、**次から次と英文があふれてくるようになりました。**

　これは何も新しい表現を自分で考え出しているのではなく、スピーチで何度も何度も練習したフレーズが無意識のうちに口から出てくるだけのことだということに気づきました。しかも、相手からの質問に合わせて、スピーチの中の関係する部分が自然に出てきていたのです。まるでCDを1曲目から順に全部の曲をかけるのではなく、5曲目や7曲目を頭出ししてかけることができるような感じでした。

　英語を話せる人を驚異の目で見ていた時期もありました。でも、そんな人が話しているのを観察してわかったのは、**クリエイティブに新しい表現を毎回使って英語を話しているのではない**ということでした。以前から飽きるほど使っている表現が自然に口から出ているのです。

　このことがヒントになり、私は会話に使えそうないろいろなテーマをショートスピーチにまとめ始めました。ものによっては、自分で最初から書くのではなく、英字新聞や雑誌から使えそうな個所を抜き出し、それを自分の状況に合うように少し改良したりしました。

　私の英語学校にも、「いくら勉強しても、なかなか言いたいことが言えません」と相談に来る生徒さんがいます。そんな人は、話すための準

備をしていないということがよくあります。もし**言いたいことが本当にあるのであれば、事前にそれを英語に直し、それを音読して練習しておけばいい**のです。それなしには、日本で育った私たちの口から英語が湧き出てくるような奇跡が起こるはずはありません。

4　スピーチのパワー

　ここで私の話ばかりではなく、私の生徒の１人であるＳさんについて書きたいと思います。Ｓさんは、現在86歳になられる女性です。この世代のほとんどの方は、戦争のおかげで英語をいっさい学ぶことができませんでした。Ｓさんも例外ではありません。そんなＳさんが本格的に英語と取り組み始めたのは70歳を超えてからのことです。きっかけは、ある世界的なボランティア組織の財団理事に日本代表として立候補してほしいという要請を受けたことでした。

　最初は、「とんでもない。英語ができないので無理です！」と固辞したそうです。しかし、「アメリカでの会議には同時通訳をつけますから、英語ができなくても大丈夫。ぜひ…」と言われ、断り切れずに立候補を引き受けたのでした。ほかに19か国から27名が立候補していて、書類審査でＳさんを含む８名が最終選考に残り、2000年の連盟大会で選挙演説をすることになりました。

　場所はハワイのホテル。2,000人を前に英語でスピーチしなければならなくなったのです。正直、「これは大変なことになった！」と私は心の中で叫びました。当時のＳさんの英語力は中学１年程度でした。日本語で書いてもらった演説原稿を英訳したのですが、それにカナをふって読んでもらうことさえ困難な状況でした。

救われたのは、ハワイ大会までに3か月という時間があったことです。そんなことから、「毎日でも練習しましょう！」と私は提案しました。**最初の1か月は読む練習、次の1か月は原稿を丸暗記、そして最後の1か月は人前でジェスチャーをつけて話す練習をしました。**

　Sさんの後日談によると、ハワイの舞台で見上げるような大きな外国人の候補者と並んで演説したとのことです。そして、原稿も見ないで英語でスピーチをする小さなジャパニーズに拍手喝采が起きたそうです。その後の投票で、なんとダントツで当選してしまい、Sさんはアメリカ連盟の財団理事になりました。

　それからは4年間にわたり理事会が年3回アメリカやカナダであり、会議には通訳がつきましたが、それ以外は1人でなんとか英語でコミュニケーションをとることができるまでになりました。これもスピーチの成功が大きく関わっていると私は信じています。

5　自分だけの音読教材を作る

　最近、CD-ROMやDVDの教材がたくさん店頭に並ぶようになりました。同時にインターネットを使ったe-learningも人気が出てきたようです。iPodを駆使して英語を勉強しているという人もいます。とにかく英語学習の分野においても驚くべき変化が進行中です。

　しかし、これだけ技術革新が進んでも、「やはり音読が効果的！」と唱える人がかなりいることも事実です。そういう私もその1人ですが…。英語学習において音読したり、聴いたりしないやり方は今や支持されることはないでしょう。**正確に音読できるということは、それが聴けるということです。そして速く音読できるということは、そのスピードの英**

語が聴けるということになります。

　では、どんな教材が音読学習に向いているのでしょうか。私の経験から言うと、対話形式のものよりはエッセイ形式のものがいいと思います。しかも、長すぎず短すぎず、内容的にも共感できる教材がいいでしょう。それに、ネイティブがテキストを読んだCDなどがついていることが最低条件です。この手のものは、けっこう、書店などで販売されています。ぜひ、時間をかけて自分に合ったものを見つけてください。

　実は、それ以上に理想的な教材は「自分の、自分による、自分のための」教材です。これはどこにも売っていません。つまり、自分が話しそうなトピックについてショートスピーチを用意するのです。「話題は無限にあるのでは？」なんて言う人がいるかもしれません。でも、どんなトピックについてみなさんが話したいと思っているか冷静に考えてください。「家族」「仕事」「友人」「旅行」「夢」…。30以上出すことができれば大したものです。

　あとはそのトピックをテーマに英語で書いてみることです。ストレートに英文にすることができるのであれば、あなたは中級の域をすでに抜け出しているはずです。なかなか英文にすることができない方には、本書が役に立ちます。ここに取り上げられているパターンや例文を利用してください。英作文ではなく、英文をいろいろなところから借りてやる、「英借文」です。

　本書で足りない場合には、本や雑誌だけでなくインターネットを利用することをお勧めします。ネットには、あらゆる人によって書かれた英文が存在します。これは今や英語学習者にとっては教材の宝庫です。大いに活用しましょう。

6 カナダで浦島太郎

　私がこれまで個人的に準備したトピックの中に、「浦島太郎」の話があります。「なぜ浦島太郎？」なんて聞く方がいるかもしれませんが、理由はもちろん、私の姓「浦島」からきています。これまで外国人に自己紹介をするとき、浦島太郎の話を披露したことが何度かありました。

　あるときこのレパートリーを思わぬ状況で応用する機会がやってきました。それは友人のカナダ人宅に泊まったときのことです。彼の中学生になる娘さんは軽い脳障害があり、特殊学級で勉強していました。夕食後、深刻な顔で彼が、「娘は自分がとても不幸だと思っている。何か彼女を勇気づけるいい話ができないだろうか」と言い出したのです。

　そんなことを急に言われて私は面食らいました。そして、思いついたのが、「浦島太郎」だったのです。まずは、みなさんも知っている浦島太郎のおとぎ話をゆっくりわかりやすく話しました。そして、彼女に、「この話から得られる教訓は何だと思う？」と聞きました。彼女はしばらく考えていましたが、答えは返ってきませんでした。

そこで、私は、「どんな人間も一生に与えられる幸せな時間は同じだけということだと思うよ。太郎はその大半を竜宮城で使い果たしてしまったのさ。あなたはこれまで苦しいことばかりで、自分が不幸だと思っているかもしれないけれど、大丈夫。これからいいことがいっぱいあるさ」と話しました。私の話を聞く彼女の目は真剣でした。そばで友人と彼の奥さんは泣いていました。「浦島太郎」のショートスピーチが準備されていたおかげで、なんとか友人の助けになることができた具体例です。

7 受信型から発信型の英語へ

英語の学習には4つのスキル、「聞く」「話す」「読む」「書く」があります。この中で、「聞く」と「読む」は受信型（インプット）の英語、そして残りの「話す」と「書く」は発信型（アウトプット）の英語と考えられています。

もちろん、「何もないところから何も出てこない」のは当然です。つまり、「聞いたり」「読んだり」することができずに、「話したり」「書いたり」することができるというのは、通常は考えられません。つまり、発信型の英語を目指すためには、その根底に受信型の英語を学習しなければならないのです。

だからと言って、受信型の英語を完璧にマスターしてから発信型の英語をやるというのは効率がいいやり方ではありません。それよりは、それぞれの学習段階で少しずつ受信型の英語から発信型の英語に重点を移していくという方法が効果的です。

これから発信型の英語はますます重要性を増してくるでしょう。話すことはもちろん、書くことが注目を集めると思います。もちろんその大

きな原因はEメールの普及です。今まで以上に、即座に英文を書くという能力が求められるからです。

　こんな時代ですから、「自分のことを相手にわかってもらう」「自分の考えを相手に英語で伝える」ということは最低限できなければなりません。ぜひいつでもどこでも使えるトピックをたくさんストックしておいてください。それができれば、上級者への道が見えてくるはずです。

自分・家族について、こんなふうに話してみよう！

- ① 自己紹介
- ② ふるさと
- ③ 学校
- ④ 健康
- ⑤ 家族
- ⑥ 両親
- ⑦ 子ども
- ⑧ 友だち

1 自己紹介

パターン A ▶ 明るい性格です

英語で言ってみよう！

My name is Keisuke Sugawara. I'm 32 years old. I work for a bank. I'm married, but we don't have children yet. We'd like to have children in the future, though.

My hobbies are playing golf and tennis. I also like going out drinking with my friends. But my job keeps me pretty busy.

I'm originally from Osaka but now I'm living in Tokyo. I like living in big cities. You can find anything you want. I think I'm a pretty outgoing person. Well, that's all.

★ 覚えておくと得する表現・語句

work for ...「…に勤める」
* for の後には a trading company（商社）などの業種や会社名、経営者の名前などがきます。

be married「結婚している」
* get married「結婚する」

be originally from ...
「もともと…の出身です」
* Where are you originally from?
「もともと出身地はどちらですか」

anything you want
「欲しいものは何でも」
* anything の後に that を入れると理解しやすくなります。

outgoing「外向性の、社交的な」

That's all.「それだけです」「以上です」
* Thank you. で終えることもできます。

日本語で確認！

　私の名前は菅原啓介です。32歳です。銀行に勤めています。私は結婚していますが、まだ子どもはいません。いつか子どもが欲しいと思っているのですが。

　私の趣味はゴルフとテニスです。友人と一杯飲みに行くのも好きです。でも、仕事でかなり忙しいです。

　私はもともと大阪出身ですが、今は東京に住んでいます。大都市に住むのは好きです。欲しいものが何でもそろいますから。私はかなり社交的だと思います。では、これで終わります。

😊 使える応用表現！

1. Let me tell you a little bit about myself.
2. I'm working as a programmer.
3. I've been married for ten years.
4. I'm interested in all kinds of music.
5. I'm busy with my family and my job.
6. I'm easygoing.

和訳

1. 私自身について少しお話しさせてください。
2. プログラマーとして働いています。
3. 結婚して10年になります。
4. あらゆる種類の音楽に興味を持っています。
5. 家庭のことや仕事で忙しいです。
6. のんきです。

第1章　自分・家族について、こんなふうに話してみよう！

1 自己紹介

パターン B ▶ 内気な性格です

英語で言ってみよう！

I'm Erina. I'm an ordinary person I guess. I'm still single. Maybe that's because I don't have time for a relationship. My job keeps me very busy. And I guess I'm shy.

I like spending time at home, just relaxing. I like reading novels and *manga*. And I like watching TV, too. I don't do any sports. But I like taking walks.

I'm still living with my parents. Maybe someday I'll get married and raise a family. That's what I hope.

★ 覚えておくと得する表現・語句

I guess「私は思います」
* I guess so.「そう思います」
  I guess not.「そう思いません」
  I don't guess. とは言いません。

relationship「恋愛関係」

take walks「散歩する」
* go for a walk「散歩する」

raise a family「子どもを育てる」
* start a family「子どもをもうける」
  support a family「家族を養う」

what I hope「私がしたいこと」
* what I think「私が考えること」
  what I did「私がしたこと」

日本語で確認！

　私は恵理菜です。自分では普通の人間だと思っています。私はまだ独身です。たぶんそれは男性と付き合う時間がないからかもしれません。仕事でとても忙しいのです。それに自分は内気だと思います。

　家でのんびりと過ごすのが好きです。小説やマンガを読んだりするのが好きです。そして、テレビを見るのも好きです。スポーツは何もしません。でも、散歩をするのは好きです。

　私はまだ両親と暮らしています。たぶんいつかは結婚して子どもを育てることになるでしょう。それが望みです。

第1章　自分・家族について、こんなふうに話してみよう！

使える応用表現！

1. I'm not a typical Japanese.
2. I'm a simple person.
3. I like to relax at home during my free time.
4. Watching movies at home is my hobby.
5. I'm not good at sports.
6. I'm living alone.

和訳

1. 典型的な日本人ではありません。
2. 単純な人間です。
3. 暇なときは家でのんびりしているのが好きです。
4. 家で映画を見るのが趣味です。
5. スポーツは得意ではありません。
6. 一人暮らしです。

2 ふるさと

パターンA ▶ 生まれたのは小さな町です

I was born in a small town in rural Hiroshima. It has a population of about 2,000 people. But every year it's getting less. Young people don't want to live there. And there's not much work. So people move to other places.

I like my hometown, though. The scenery is very beautiful. And there are nice places for fishing.

Now I'm living in a big city. But I sometimes go back to my hometown. It's nice to be back home. Someday I'd like to move back there.

★ 覚えておくと得する表現・語句

rural「田舎の」
* urban「都会の」

population「人口」
* a city with a population of one million「百万都市」

get less「少なくなる」
* The population of my city is getting smaller.「私の町の人口は少なくなってきています」

日本語で確認！

　私は広島の田舎にある小さな町で生まれました。人口は2,000人くらいです。でも、人口は毎年減ってきています。若い人たちはそこに住みたがりません。そこでは仕事がそんなにないのです。だから人びとはほかの場所に行ってしまいます。

　それでも、私はふるさとが好きです。景色がとても美しいですし、それに釣りをするのにいい場所があります。

　今、私は大都市に住んでいます。でもときどきふるさとに帰ります。ふるさとに帰るのはいいものです。いつか、そこに戻りたいと考えています。

使える応用表現！

1. Toyokoro is where I was born.
2. I grew up in a suburb of Hiroshima.
3. Life in my hometown was boring.
4. I have many fond memories of my hometown.
5. My parents are still living in Hakodate.
6. I visited my hometown last summer.

1. 豊頃は私が生まれた場所です。
2. 広島近郊で育ちました。
3. ふるさとでの生活は退屈でした。
4. ふるさとにはいい思い出がたくさんあります。
5. 両親はまだ函館に住んでいます。
6. 去年の夏にふるさとを訪れました。

2 ふるさと

パターン B ▶ 都会生まれでふるさとがありません

I was born in Yokohama but my family soon moved to Osaka. We lived in Osaka for about five years. Then we moved to a suburb of Nagoya. I attended elementary school there.

Later we moved to Tokyo. I spent my junior high and high school years there. And for college, I was in Sapporo for four years.

Now I'm living in Aomori. I like living here. But I've lived in a lot of different places. So there isn't really one place that I think of as my hometown.

★ 覚えておくと得する表現・語句

move to ...「…に引っ越す」
* I've just moved from Tokyo.「東京から引っ越してきたばかりです」

suburb「郊外」
* I'm living on the outskirts of Kobe.「神戸の町はずれに住んでいます」

attend「…に通う」
* I went to Asahi Elementary School.「私は朝日小学校に行きました」

日本語で確認！

　私は横浜で生まれましたが、まもなく一家で大阪に引っ越しました。大阪では5年ほど暮らしました。それから、名古屋の郊外に移りました。そこで小学校に通いました。

　その後、東京に引っ越しました。そこでは中学と高校時代を過ごしました。大学は、札幌で、4年いました。

　今は青森に住んでいます。ここでの生活が気に入っています。でも私はいろいろな場所に住んできました。だから本当にふるさとだと思えるような町はありません。

使える応用表現！

1. My hometown is a big city in southern Japan.
2. I had a wonderful childhood in my hometown.
3. We had to sell our house.
4. Morioka is a nice place to live.
5. I've lived in Kyoto all my life.
6. I don't really have a hometown.

和訳

1. 私のふるさとは南日本の大きな都市です。
2. ふるさとではすばらしい子ども時代を過ごしました。
3. 家を売らなければなりませんでした。
4. 盛岡は住むのにいいところです。
5. 生まれてこのかたずっと京都に住んでいます。
6. ふるさとと呼べるようなところはありません。

第1章　自分・家族について、こんなふうに話してみよう！

3 学校

パターンA ▶ 学生時代はけっこう楽しかったです

英語で言ってみよう！

I went to school at Heisei University. It's a middle-sized private university. I graduated with a B.A. in history. History isn't a very useful subject, but I still enjoyed learning about it.

Of course, I didn't just study when I was a student. I also did many things with my friends. We had parties together, played sports and went out drinking.

In fact, I had little time for my classes. I really don't know how I managed to pass all my classes and graduate. But somehow I did.

★ 覚えておくと得する表現・語句

middle-sized「中規模の」
private「私立の」
 * national「国立の」
   prefectural「県立の」
   city「市立の」
B.A.「文学士（Bachelor of Arts）」

* **M.A.**「文学修士（Master of Arts）」
  M.B.A.「経営学修士（Master of Business Administration）」
  Ph.D.「博士号（Doctor of Philosophy）」
  I have a B.A. in business administration.「私は経営学の学士号を持っています」

日本語で確認！

　私は平成大学に通っていました。中規模の私立大学です。歴史学の学士号を取って卒業しました。歴史はそれほど役に立つ学問ではありませんが、けっこう楽しんで勉強しました。

　学生時代はもちろん勉強ばかりだったわけではありません。友だちといろいろなこともやりました。パーティーをしたり、スポーツをしたり、飲みに行ったりもしました。

　本当のところ、授業に出る時間はほとんどありませんでした。本当にどうやってすべての授業にパスして、卒業できたのか、自分でもわからないくらいです。でもなんとか卒業できました。

使える応用表現！

1. I went to high school in Hirosaki in Aomori Prefecture.
2. Heisei Business College is a small prefectural college.
3. I have many good memories from my college days.
4. My favorite subject was sociology.
5. I was a member of the English club.
6. I'm still friends with some of my professors from college.

和訳

1. 青森県弘前市にある高校に行きました。
2. 平成商科大学は小規模な県立大学です。
3. 大学時代のいい思い出がたくさんあります。
4. 一番好きな科目は社会学でした。
5. 英語クラブに入っていました。
6. 今でも大学時代の教授の何人かと親しく付き合っています。

3 学校

パターン B ▶ 出来の悪い学生でした

I never liked school very much. The classes were too difficult so I never got good grades. And because I was a poor student, my teachers didn't like me.

I got along with some of the students, but with others I had a hard time. I was glad when I finally graduated from high school. After high school I began working. I never went to college. Twelve years of schooling was enough for me.

Some of my friends went to college. They have "good" jobs. Their salaries are a lot higher than mine. But they have to work a lot of overtime. When I'm finished with work, my time is my own.

★ 覚えておくと得する表現・語句

grade「成績」	a lot「ずっと」
get along with ...「…とうまくやる」	＊ much も同じように使えます。

日本語で確認！

　学校があまり好きだったことはありません。授業は難しすぎて、よい成績など取れませんでした。勉強のできない学生だったので、先生たちからも嫌われていました。

　仲のよい友だちは何人かいましたが、それ以外の人とは苦労しました。高校を卒業したときは本当にうれしかったです。高校卒業後、私は働き始めました。大学には一度も行きませんでした。12年間の学校生活でもう十分だったのです。

　友だちの中には大学に行った人もいます。彼らは「いい」仕事に就いています。給料も私よりかなりいいです。でも彼らはずいぶん残業をしなければなりません。私は仕事さえ終われば、自分の時間は自分のものです。

使える応用表現！

1. I hated to study as a high school student.
2. I always had poor grades in English.
3. I had a lot of problems with my classmates and teachers.
4. I never thought I could go to college.
5. I think we can learn more in society than in school.
6. A college diploma doesn't mean anything now.

和訳

1. 高校時代は勉強が嫌いでした。
2. 英語はいつもひどい成績を取っていました。
3. クラスメートや先生とはいろいろなことで合いませんでした。
4. 大学に行けるとは思いませんでした。
5. 学校より社会のほうがもっといろいろ学べると思います。
6. 大学の学位は今や何の価値もありません。

4 健康

パターン A ▶ 健康には気を配っています

英語で言ってみよう！

My health is pretty good. I rarely get ill. There are three reasons for this. First, I always try to get enough exercise. I go to the gym for workouts a few times a week, and I go jogging every morning. I also try to walk as much as possible.

Second, I watch what I eat and drink. I try to eat healthy foods that have a lot of vitamins and minerals. I avoid eating too much fat or drinking too much alcohol.

Finally, I always try to get seven or eight hours of sleep. Sometimes this is difficult because I'm busy. But if I get too little sleep one day, I sleep a little extra the next day. My body is important to me, so I take good care of it.

★ 覚えておくと得する表現・語句

pretty good「良好です」
 * Could be better.「まあまあです」
rarely「めったに…しない」
workout「トレーニング、エクササイズ」
 * do aerobics「エアロビクスをする」

do stretching exercises「ストレッチをする」
do weight training「ウエイトトレーニングをする」

日本語で確認！

　私の健康は良好です。ほとんど病気もしません。これには理由が3つあります。まず第一に、常に十分な運動をするよう心がけています。週に2、3度ジムに行ってトレーニングをし、毎朝ジョギングもしています。そして、できるだけ歩くようにもしています。

　第二に、食べ物や飲み物に気をつかっています。ビタミンとミネラルの豊富な健康食品をとるように心がけています。脂肪の多すぎるものや多量のアルコールはとりません。

　最後に、毎日7、8時間は眠るようにしています。忙しくてできないこともときどきあります。でも、睡眠不足の日があったら、次の日は少し多めに眠ります。自分の体は大切ですから、十分気を配っています。

使える応用表現！

1. My health is quite good.
2. I never catch a cold.
3. I try to exercise regularly.
4. I eat and drink moderately.
5. I try to go to bed before 11 o'clock.
6. I think health is better than wealth.

和訳
1. 私の健康はきわめて良好です。
2. 風邪をひくことはありません。
3. 規則正しい運動を心がけています。
4. 適度に食べ、適度に飲んでいます。
5. 11時前に寝るようにしています。
6. 健康は富に勝ると思います。

第1章　自分・家族について、こんなふうに話してみよう！

4 健康

パターン B ▶ 生活習慣はよくないほうです

英語で言ってみよう！

I'm not sure whether I'm in good health or not. I feel healthy enough, but I know I have many bad habits. I smoke and drink a lot every day, and usually I sleep only five or six hours a night. I don't do anything special for exercise. I prefer to watch TV or read rather than exercise.

My diet also isn't very good. I eat a lot of junk food. And if I'm busy I usually skip eating lunch or dinner. Also I live in a big city. The air and water are bad. For some reason, though, I never seem to get sick. I'm not overweight, either.

Maybe when I get older, I'll get cancer and die. I don't know. But maybe I'm one of those lucky people who can do anything and still be healthy.

★ 覚えておくと得する表現・語句

be in good health「健康である」
* in poor shape「体調が悪い」
  a little out of shape「少し体調が悪い」
diet「(日常の) 食生活」

junk food「ジャンクフード」
* ハンバーガー、フライドポテト、ポテトチップスなどのように、カロリーは高いがほかの栄養素が低い食品。

日本語で確認！

　私は自分が健康なのかどうかよくわかりません。十分健康だとは思いますが、悪い習慣もたくさんあるのはわかっています。毎日、酒もタバコもたくさんやりますし、ふだんの睡眠時間は5、6時間ほどしかありません。運動も特に何もやっていません。体を動かすよりも、テレビを見たり本を読んだりするほうが好きです。

　食生活もよいとはいえません。ジャンクフードをたくさん食べています。そして忙しいときは昼食や夕食を抜いています。そのうえ、私は大都市に住んでいます。空気も水も汚いのです。ところがなぜか病気にはならないようなのです。太りすぎでもありません。

　年を取ったら、ガンになり死ぬかもしれません。そんなことはわかりません。でも、たぶん私は何をやっても健康でいられる幸運な人間なのでしょう。

使える応用表現！

1. I have to go to see the doctor regularly.
2. I don't get enough exercise.
3. I don't have breakfast.
4. I take vitamins so I won't get sick.
5. I have to watch what I eat.
6. If I keep doing so much overtime, it's going to kill me.

和訳

1. 定期的に病院に行かなければなりません。
2. 十分な運動をしていません。
3. 朝食は食べません。
4. 病気にならないようにビタミン剤を飲んでいます。
5. 食べるものに気をつけなければなりません。
6. こんなに長時間の残業をずっと続けたら、私は死んでしまうでしょう。

5 家族

パターン A ▶ 幸せな家庭生活を送っています

英語で言ってみよう！

I'm a family man. My wife is a great person. She's funny and charming, and she helps me a lot. And we have three children.

On weekends I like to do things with my family. We go to different places, and do different things. It's a lot of fun. My wife and my children are really important to me. I'm busy during the week, so weekends are a special time for me.

Some people say raising a family is hard work. To me, this isn't true though. My family is what gives my life meaning. Without my family I don't know what I would do.

★ 覚えておくと得する表現・語句

family man「マイホーム主義者」
* I'm a family-oriented person.「私はマイホーム主義者です」
「マイホーム」は和製英語です。

funny「おもしろい」
* 同じ「おもしろい」でも、interesting は「興味を起こさせる」、funny は「こっけいで笑わせる」という違いがあります。

week「平日」
* weekday とも言います。

日本語で確認！

　私はマイホーム主義者です。妻はすばらしい人です。ユーモアがあってチャーミングで、それにいろいろと私の手助けをしてくれます。子どもは3人います。

　週末には家族で行動するのが好きです。いろいろな場所に行って、いろいろなことをします。とても楽しいです。妻と子どもたちは私にとって本当に大切です。平日は忙しいので、週末は私にとって特別な時間なのです。

　家族を養うのは大変だという人もいます。私にとっては、それは真実ではありません。家族は私の人生に意味を与えてくれるものです。家族なしでは何をしたらいいのかわかりません。

使える応用表現！

1. My wife is a homemaker.
2. I enjoy spending time with my family.
3. My family is the most important thing for me.
4. For me raising a family is fun.
5. I don't want to destroy my family life.
6. I'm looking forward to the trip to Hawaii with my family.

和訳

1. 妻は主婦です。
2. 家族と一緒に過ごすのが私の楽しみです。
3. 私にとって家族が一番大事です。
4. 私には家族を養うことは楽しみです。
5. 自分の家庭生活を壊したくありません。
6. 家族と一緒にハワイへ行くことを楽しみにしています。

5 家族

パターン B 私は一人っ子です

英語で言ってみよう！

There are three people in my family: my mother, my father, and me. So I'm an only child. I get along well with my parents. We never argue about anything.

My father used to work for Sato Construction Company, but now he's retired. When he was working I never saw much of him, but now I can spend a lot of time with him. My mother has always been a housewife.

I'd like to have a family of my own. I'm 25 now and hope to marry soon. After I get married I'd like to have two children. Having a boy and a girl would be ideal. But even if I had two boys or two girls I'd still be happy.

★ 覚えておくと得する表現・語句

me「私」
＊文法的には I というべきですが、会話では me が一般的です。
My younger brother is taller than me.「弟は私より背が高い」

used to ...「…したものだった」
housewife「主婦」
＊ housewife、househusband の婉曲表現として、最近は homemaker も使われます。

日本語で確認！

　私の家は両親と私の3人家族です。つまり私は一人っ子です。両親とは仲よくやっています。決して口論などはしません。

　父は佐藤建設に勤めていましたが、今はもう退職しています。働いていたときは父の顔を見ることなどほとんどありませんでしたが、今は一緒に過ごす時間もたっぷりあります。母はずっと専業主婦です。

　私も自分の家族を持ちたいと考えています。今、25歳なので早く結婚したいと思っています。結婚したら子どもは2人欲しいです。男の子と女の子1人ずつというのが理想です。でも、男の子2人とか女の子2人ということになってもかまいません。

使える応用表現！

1. We are a family of four.
2. I have two brothers and one sister.
3. My wife works as a clerk.
4. I often write or phone my parents.
5. I get along well with my mother-in-law.
6. My family is a big part of my life.

和訳

1. うちは4人家族です。
2. 兄［弟］が2人と姉［妹］が1人います。
3. 妻は事務員です。
4. しょっちゅう両親に手紙を書いたり電話をしたりします。
5. 義理の母とうまくやっています。
6. 家族は私の生活の大きな部分です。

第1章　自分・家族について、こんなふうに話してみよう！

6 両親

パターン A ▶ 両親は田舎で農業をしています

英語で言ってみよう！

My mother and father are doing pretty well. They're both working. They have a farm in the country. They grow many different things. It's hard work, but they like it.

Farming wasn't my path in life, so I left. But they've stuck it out even though they're getting older. I respect them for that. I sometimes go back to visit them. It's nice to spend time in the country with my parents.

The only problem is that they have no one to take over their farm. I wonder what they will do.

★ 覚えておくと得する表現・語句

the country「田舎」
＊「田舎」という意味の場合には the がつきます。
path「(人生・行動などの) 進路」
stick it out「(困難なことを) やり抜く」

take over ...「…を引き継ぐ」
＊ I don't know who will take over my father's business.「だれが父の事業を引き継ぐのか私にはわかりません」

日本語で確認！

　私の父と母は元気にやっています。2人とも働いています。彼らは田舎で農業をしています。いろいろなものをたくさん育てています。仕事はきついですが、気に入っているそうです。

　農業は私の生きる道ではなかったので、私はそこを去りました。でも、両親は年を取ってもがんばって農業を続けています。そのことで私は両親を尊敬しています。ときどき両親に会いに帰っています。田舎で両親とともに過ごすのはいいものです。

　唯一の問題は、後継者がいないことです。これからどうするのでしょうか。

使える応用表現！

1. My parents are in good health.
2. My father is running an electronic appliance store.
3. My father is still very strict with me.
4. My mother is old-fashioned.
5. My parents are no longer young.
6. My parents don't seem to have money worries.

和訳

1. 両親とも健在です。
2. 父は電器店を経営しています。
3. 父は私に対してまだとても厳しいです。
4. 母は古いタイプの人間です。
5. 両親はもう若くはありません。
6. 両親は金銭の悩みがないようです。

6　両親

パターンB　父は寝たきりで母が介護しています

英語で言ってみよう！

　My mother is in pretty good health. She's 70 but still has a lot of energy. She lives a very active life. My father, though, isn't in such great health. He's bedridden so my mother has to care for him.

　My father had a stroke five years ago. And his condition keeps getting worse. But at least he's not in a nursing home.

　It's a big job for my mother to take care of my father. But she takes a very positive attitude. I try to help out when I have the time.

★ 覚えておくと得する表現・語句

bedridden「(病人が) 寝たきりの」
* My father has been bedridden for three years.「父は3年間寝たきりです」

stroke「脳卒中」
* heart attack「心臓発作」

nursing home「養護施設、老人ホーム」
* There are two new nursing homes for old people in my city.「私の町には高齢者用の新しい養護施設が2つあります」

positive attitude「前向きな態度」

日本語で確認！

　私の母はとても健康です。70歳ですが、まだとても元気です。非常に生き生きとした暮らしをしています。でも父はすこぶる元気というわけではありません。父が寝たきりなので、母は介護をしなければなりません。

　父は5年前に脳卒中になりました。容態はだんだん悪くなるばかりです。それでもまだ養護施設には入ってはいません。

　母にとって、父の世話をすることは大変な仕事です。でも母はそれをとても楽観的に受け止めています。私も時間があるときには手助けをするようにしています。

使える応用表現！

1. My mother is very active for her age.
2. My father always suffers from asthma in winter.
3. I support my parents.
4. My parents had their fortieth wedding anniversary this year.
5. My wife helps out a lot in caring for my father.
6. My mother's nursing care is a burden on my family.

和訳

1. 母は年の割には元気です。
2. 父は冬になるといつもぜんそくが出ます。
3. 私は両親を養っています。
4. 両親は今年40回目の結婚記念日を祝いました。
5. 妻は私の父の面倒をよく見てくれています。
6. 母の介護が家族の大きな負担になっています。

7 子ども

パターンA ▶ 子どもは3人います

英語で言ってみよう！

I like kids very much. They're fun to be around. Maybe that's why we have three children. Takeshi's seven. He's very outgoing and has many friends. Tomoko's eleven. She's a little on the quiet side. Rie's thirteen. She's very bright and is doing well in school.

Some fathers can't spend much time with their kids because they're so busy with work. But I'm lucky. I rarely have to work overtime so I can always spend evenings and weekends with my kids.

Usually on Sundays I take my kids somewhere special. Sometimes we go to the zoo or an amusement park. Other times we just go for a drive in the countryside.

★ 覚えておくと得する表現・語句

around「近くに、あたりに」
* If you need me, I'll be around.「私に用があればその辺にいます」

that's why ...「それが…の理由です」
* That's why.「それが理由です」のように決まり文句としても使えます。

on the ... side「いくらか…で」
work overtime「残業する」
somewhere special
「どこか特別なところ」
* something special「特別な何か」

日本語で確認！

　私は子どもが大好きです。子どもが近くにいるととても楽しいです。だから3人も子どもがいるのかもしれません。猛は7歳です。とても社交的で友だちもたくさんいます。智子は11歳です。彼女はどちらかというと物静かなほうです。理恵は13歳です。とても利口な子で、学校の成績もよいです。

　仕事が忙しくてなかなか子どもと一緒に過ごす時間のない父親も多いようです。しかし、その点私は幸運です。ほとんど残業する必要もないので、夜や週末にはいつも子どもたちと一緒に過ごせます。

　日曜日はたいてい子どもたちをどこか特別なところへ連れていきます。ときどき動物園とか遊園地に行きます。それ以外のときは郊外へただドライブすることもあります。

使える応用表現！

1. I have two children, a twelve-year-old son and an eight-year-old daughter.
2. I'm good with children.
3. I try to be a good father to my children.
4. My son's hobby is playing computer games.
5. My children are well-behaved.
6. I always do things with my children on the weekend.

和訳

1. 私には12歳の息子と8歳の娘の2人の子どもがいます。
2. 子どもの相手が上手です。
3. 子どもたちのよき父親になるよう努めています。
4. 息子の趣味はコンピュータゲームをすることです。
5. 私の子どもたちは行儀がいいです。
6. いつも週末には子どもたちと一緒に遊んでいます。

7 子ども

パターン B ▶ 子どもはちょっと苦手です

英語で言ってみよう!

Kids are all right, but sometimes they can be difficult to be with. Children have a hard time being quiet and sitting still. They always want to be doing something. That's OK when I have a lot of energy, but when I'm feeling tired it can get on my nerves.

Also while some children are little angels, others are complete brats. Their parents have spoiled them so they think they can do whatever they like. They're always breaking things or causing some kind of trouble.

Maybe that's why my husband and I never had children. And of course, these days, raising children is quite expensive.

★ 覚えておくと得する表現・語句

all right「まずまずの、悪くない」
* 話す声の調子で「きわめてよい」から「まずまずの」まで、意味する範囲が広いです。

get on one's nerves「(人の)神経に障る」
* The kid's high-pitched voice gets on my nerves.「その子のかん高い声が神経に障ります」

also「また」
* 文をいくつもつないでいくとき、and が一番容易で便利です。しかし、フォーマルな状況で and があまり多用されると、聞く人にとって耳障りだったり、その人の話す英語が幼稚に聞こえたりします。「そしてまた」という意味で使えるのがこの Also です。会話では書き言葉以上にこの Also が登場します。And also という形でも使われます。

little angel「かわいい子」
* little monster「いたずらっ子」

日本語で確認！

　子どももいいのですが、ときどき相手をするのが大変なときもあります。子どもというのは静かにしていたり、おとなしく座っているのが苦手なものです。いつも何かしていたがります。私が元気なときはそれでもいいのですが、疲れているときなどは神経に障ります。

　また、とてもいい子もいれば、まったく手に負えない子どももいます。両親が甘やかすので、子どもたちは何をしてもいいと思っているのでしょう。いつも何かを壊したり、困ったことをやらかしたりするのです。

　だから、私と主人は子どもを作らなかったのかもしれません。そのうえ、近ごろは子どもを育てるのにもずいぶんお金がかかります。

使える応用表現！

1. We don't have any children yet.
2. We aren't thinking of having children.
3. I don't like noisy children.
4. I think parents should be strict with their children.
5. Raising children is a big responsibility.
6. It's important to think about your children's education.

和訳

1. 私たちにはまだ子どもがいません。
2. 私たちは子どもを作ろうとは思っていません。
3. 騒がしい子どもは嫌いです。
4. 親は子どもには厳しくあるべきだと思います。
5. 子どもを育てるということは責任重大です。
6. 子どもの教育について考えることは大切です。

第1章　自分・家族について、こんなふうに話してみよう！

8 友だち

パターン A ▶ 友だちが私の財産です

英語で言ってみよう！

I have many friends. I still keep in touch with a lot of my friends from high school. Every year I try to go to our reunion. Of course, I have friends from college, too. But I don't often have the chance to see them.

The people I usually do things with are my co-workers. We spend a lot of time together at work, so we've become good friends.

I often go out for dinner and drinks after work with my co-workers. Sometimes on the weekend we have parties. If the weather is nice we'll go to a park to have a barbecue. Or, if the weather is bad, we'll go to one of our houses.

★ 覚えておくと得する表現・語句

keep in touch with ...
「(人)と連絡を保つ」
 * Let's keep in touch.「連絡を取り合おう」

reunion「同窓会」

co-worker「同僚、仕事仲間」

if the weather is nice「天気がよければ」
 * 時や条件を表す副詞節の場合、未来の意味を含んでいても現在形を使います。

日本語で確認！

　私には友だちがたくさんいます。高校時代の多くの友だちと今でも連絡を取り合っています。毎年クラス会にも行くようにしています。もちろん大学時代の友だちもいます。でも彼らとはあまり会う機会がありません。

　ふだん一緒にいろいろなことをしているのは仕事仲間です。仕事で長い時間一緒にいるので、いい友だちになりました。

　仕事の後、同僚とよく食事に行ったり飲みに行ったりします。週末にはパーティーをすることもあります。天気がよければ、バーベキューをしに公園へ行ったりします。もし天気が悪ければ、仲間のうちのだれかの家に行きます。

😊 使える応用表現！

1. Taro and I are good friends.
2. It's easy for me to make friends.
3. Work is the center of my social life.
4. I like being with my friends, but I also like being alone sometimes.
5. Friendship is very important to me.
6. Strangely, my friends are not at all like me.

和訳

1. 太郎と私はいい友だちです。
2. 私にとって友だちを作るのは簡単なことです。
3. 私の人付き合いの中心は仕事です。
4. 私は友だちと一緒にいるのが好きですが、ときには一人になりたいこともあります。
5. 友情は私にとってとても大切なものです。
6. 不思議なことに、私の友だちはみな私と正反対の人たちです。

第1章　自分・家族について、こんなふうに話してみよう！

8 友だち

パターン B ▶ 友だちはあまりいません

英語で言ってみよう！

I don't have so many close friends. There are just a few people who are truly my friends. Of course, I have many acquaintances. I know a lot of people from work. And I know my neighbors and other people I see every day.

I like most of the people I know, but I think true friendship is more than just liking someone. With a true friend you can talk about anything and they'll understand.

Actually I've had many close friends, but friends change. Sometimes it's because one of you moves. At first, you write to each other a lot, but after a few years you lose touch. Or sometimes it's that your interests change and you end up going your separate ways.

★ 覚えておくと得する表現・語句

close friend「親友」
* casual friends「気軽な友だち」

acquaintance「知人」
* He's just an old acquaintance of mine.「彼は古くからのただの知人の1人です」

end up …ing「最後には…になる」
* My father ended up losing all his money.「父は結局全財産を失いました」

日本語で確認！

　私には親しい友人があまりいません。本当に友人だと言えるのはほんの数人です。もちろん、知り合いはたくさんいます。仕事上の知り合いはたくさんいます。それと近所の人や毎日会ういろいろな人とも知り合いです。

　そういった人たちのほとんどは好きですが、真の友情というのはただ好きだというだけではないと私は思います。本当の友人とならどんなことでも話せるだろうし、彼らもわかってくれるはずです。

　実は私も親しい友だちはたくさんいたのですが、友だちは変わるものです。どちらかが引っ越してしまうためということもときとしてあります。最初のうちはお互い手紙もマメに出し合うのですが、2、3年すると連絡も途絶えがちになるものです。あるいは、興味がほかに移ってしまい、結局は別々の道を歩き始めるということもときどきあるでしょう。

使える応用表現！

1. My wife is my best friend.
2. I've just moved to a new city, so I'm a little lonely.
3. It's always difficult for me to make friends.
4. My close friend passed away last year.
5. I don't go out drinking with my co-workers.
6. A friend in need is a friend indeed.

和訳

1. 妻が私の一番の親友です。
2. 新しい町に引っ越してきたばかりなので、少し寂しいです。
3. 友だちを作るのはいつも難しいです。
4. 親友が昨年他界しました。
5. 同僚とは飲みに行くことはありません。
6. まさかのときの友こそ真の友（ことわざ）。

こんな質問がきたら、自分を伝えるチャンス！

◎ 自己紹介

Could you tell me about yourself?
（あなたについて教えてくれませんか）

How would you describe your character?
（自分の性格をどう表現しますか）

◎ ふるさと

Where's your hometown?
（あなたのふるさとはどこですか）

What's your hometown like?
（ふるさとはどのようなところですか）

◎ 学校

Where did you go to school?
（どちらの学校に行きましたか）

What's your best memory of your school days?
（学生時代の一番いい思い出は何ですか）

◎ 健康

Are you in good health?
（健康ですか）

What do you do to stay in good health?
（健康でいるために何をしていますか）

◎ 家族

How large is your family?
（家族は何人ですか）

Do you like doing things with your family?
（家族でいろいろなことをするのが好きですか）

◎ 両親

What do your parents do?
（ご両親は何をなさっていますか）

Are your parents healthy?
（ご両親はお元気ですか）

◎ 子ども

Do you have any children?
（子どもはいますか）

Do you like to play with children?
（子どもと遊ぶのは好きですか）

◎ 友だち

Do you have many friends?
（たくさん友だちがいますか）

What do you usually do with your friends?
（友だちとふだん何をしますか）

第 2 章

日常生活について、こう言えばうまく伝わる！

- ⑨ 食べ物
- ⑩ レストラン
- ⑪ コーヒー
- ⑫ 喫　煙
- ⑬ 買い物
- ⑭ 服　装
- ⑮ 家
- ⑯ 週　末

9 食べ物

パターン A ▶ 食べ物は何でも好きです

英語で言ってみよう！

I like many kinds of food. In fact, it's difficult for me to say what my favorite kind of food is. I like most kinds of Japanese food and Western food.

However, I don't like sweet foods very much. I like foods that are salty or spicy. I also have a good appetite. I can eat a lot of food at one time. And there are no foods which I cannot eat.

The one problem I have with food, though, is that I have a tendency to gain weight. So sometimes I skip breakfast.

★ 覚えておくと得する表現・語句

spicy「香料に富んだ」
* hot「辛い」
  greasy「脂っこい」

appetite「食欲」
* small appetite「小食」
  moderate appetite「普通の食欲」

tendency「傾向」
* a tendency to talk too much「しゃべりすぎる傾向」

skip「（食事など）を抜く」
* It's bad for your health to skip breakfast.「朝食を抜くのは体に悪い」

日本語で確認！

　私には好きな食べ物がたくさんあります。実際、一番の好物が何かを挙げるのが難しいのです。和食も洋食もほとんど何でも好きです。

　しかし甘いものはどうも苦手です。しょっぱいものやスパイスの利いたものが好みです。私は食欲も旺盛です。一度にたくさん食べることができます。また、食べられないものはありません。

　しかし、食べ物に関して１つ問題があるとすれば、それは太りやすい体質だということです。それでときどき朝食を抜きます。

使える応用表現！

1. My favorite food is sushi.
2. I like chicken better than pork.
3. I try to eat a lot of fresh vegetables.
4. I usually eat simple foods.
5. I have to watch what I eat.
6. I'm on a diet.

和訳

1. 大好物は寿司です。
2. 豚肉より鶏肉のほうが好きです。
3. 新鮮な生野菜をたくさんとるようにしています。
4. ふだんは質素なものを食べています。
5. 食べ物に気をつけなければなりません。
6. ダイエット中です。

9 食べ物

パターン B ▶ 食べることにあまり興味がありません

🎀 英語で言ってみよう！

I'm not really particular about what I eat. I try to eat food that is healthy. But other than that, anything is fine. When I cook for myself, I make simple dishes. Often I make a soup with everything in it. Vegetables, fish or meat, noodles or rice. And that's all I have.

I don't go to restaurants very much. They're expensive, and anyway I'm not interested in fancy food. Sometimes, though, I'll get some take-out food, and eat it in my car.

When I go to the supermarket, I always look for the specials. I don't want to waste a lot of money on food.

★ 覚えておくと得する表現・語句

be particular about ... 「…について好みがうるさい」
for oneself 「自分（自身）のために」
fancy 「上品な」
* gourmet 「グルメの」
specials 「特売品」
* offer a special 「特別価格で提供する」

日本語で確認！

　食べるものにはそれほどうるさくありません。健康によい食べ物を食べようと心がけています。でも、その点を除けば何でもいいのです。自分で料理をするときには、簡単な料理を作ります。何でも入れたスープをよく作ります。野菜、魚か肉、麺かご飯を入れるのです。食べるのはそれだけです。

　レストランにはそれほど行きません。高いですし、いずれにせよ上品な食べ物には興味がありません。それでもときどきテイクアウトの食べ物を買って、車の中で食べます。

　スーパーに行くときには、必ず特売品を探します。食べ物にお金をあまり無駄づかいしたくないのです。

使える応用表現！

1. I'm not a picky eater.
2. I can eat anything.
3. I'm a vegetarian.
4. I eat meat only a few times a week.
5. Seaweed salad is my least favorite food.
6. You are what you eat.

和訳

1. 食べ物の好き嫌いはありません。
2. 何でも食べることができます。
3. 菜食主義者です。
4. 週に２、３度しか肉を食べません。
5. 海藻サラダは一番嫌いな食べ物です。
6. 何を食べるかがその人を表します。

10 レストラン

パターン A ▶ よく外食をします

英語で言ってみよう！

I like going to restaurants. On weekdays I always go to a restaurant for lunch. It's too troublesome to take a lunch box to work, so I go to an inexpensive restaurant instead.

Sometimes I go to noodle places which serve *ramen*, *udon* or *soba*. And sometimes I go to coffee shops where I'll order curry and rice or pilaf.

For dinner, I go out to restaurants three or four times a week. My favorite restaurants are Japanese style ones. I like sushi and *yakitori* places as well as Japanese pubs. Japanese pubs are called *izakaya*. They serve a wide variety of dishes that go well with beer or sake.

★ 覚えておくと得する表現・語句

instead「代わりに」
place「飲食店」
* There's a nice Italian place down the street.「この通りの先に、いいイタリア料理店があります」

soba「そば」
* 英語で説明するとなると、buckwheat noodles になります。

a variety of ...「いろいろな…」
* of の後に可算名詞がくるときは複数形が続きます。

The restaurant serves a great variety of Thai dishes.「そのレストランはいろいろな種類のタイ料理を出しています」

日本語で確認！

　私はレストランに行くのが好きです。平日はいつも昼食をとりにレストランに行きます。お弁当を会社に持っていくのは面倒なので、その代わり安いレストランに行くのです。

　ときにはラーメンやうどん、そばといった麺類を出すお店に行くこともあります。また、ときには喫茶店に行ってカレーライスやピラフを注文することもあります。

　夕食も週に3、4回は外食します。私が好きなのは和食のレストランです。寿司屋や焼き鳥屋や、和風パブも好きです。和風パブは居酒屋と呼ばれています。ビールや酒によく合う料理がいろいろあります。

使える応用表現！

1. I eat out a lot.
2. Restaurants are for people who are too lazy to cook.
3. I like restaurants that have a lot of different things on the menu.
4. I like to go to restaurants that aren't too expensive.
5. If the food is good, I don't care how the restaurant looks.
6. I go to restaurants to talk with my friends.

和訳

1. よく外食します。
2. レストランというものは、料理をしない怠け者のためにあるのです。
3. いろいろな種類の食べ物がメニューにあるレストランが好きです。
4. あまり高くないレストランが好きです。
5. 食べ物さえおいしければ、レストランの外見はどうでもいいのです。
6. 友だちと話をするためにレストランへ行きます。

10 レストラン

パターン B ▶ 目的によってお店を選びます

英語で言ってみよう！

What kind of restaurant I go to depends on who I'm with. When I'm alone, I go to cheap places. When I have to entertain customers, I go to fancy places.

It's not important whether the food is better at a more expensive place. What counts is the price. If I pay for an expensive meal, the people I've taken out will feel that I've done them a favor. And then if I need a favor, they'll be more willing to help me.

When I go out on a date, the atmosphere of a restaurant is the most important thing. The restaurant should play nice background music, and the food should be attractively served.

★ 覚えておくと得する表現・語句

depend on ...「…による」
 * That depends.「時と場合によります」
what counts「重要であること」
favor「世話、願い事」
 * I owe you a favor.「あなたに借りがあります」
   I have a favor to ask.「お願いしたいことがあるのですが」
be willing to ...「…するのをいとわない」
atmosphere「雰囲気」
 * この場合 mood は使えません。mood は人の一時的な心の状態を表す単語です。

日本語で確認！

　どんなレストランに行くかは一緒に行く人によって決まります。一人で行くときは安い店です。お客さんを接待するときには高級なところに行きます。

　より高いところだからといって食べ物がおいしいかどうかは重要ではありません。大事なのは値段です。高い食事をごちそうしたなら、連れていってあげた人たちはもてなしを受けたと考えるでしょう。そしてもし私が助けを必要とするときには、彼らはより快く手助けしてくれることになるでしょう。

　デートのときにはレストランの雰囲気が一番大切です。すてきなBGMが流れていて、食べ物も美しく盛りつけされていなければなりません。

使える応用表現！

1. I go to fast-food places on occasion.
2. Taking someone to fashionable restaurants will impress them.
3. If I invite someone out to dinner, I always pay for their meal.
4. When I go to restaurants with friends, we usually split the bill.
5. A restaurant is the best place to go for a date.
6. I often take my girlfriend out for dinner.

和訳

1. ときどきファーストフードの店に行きます。
2. おしゃれなレストランに連れていってあげれば、あなたの株が上がります。
3. だれかを食事に誘うときには、私がいつも払います。
4. 友だちと食事に行くときはたいてい割り勘にします。
5. レストランはデートには最高の場所です。
6. よくガールフレンドを連れて夕食に出かけます。

11 コーヒー

パターンA ▶ 私はコーヒー党です

英語で言ってみよう！

I like drinking coffee. I have a cup of coffee first thing in the morning. I read the paper while I'm enjoying my coffee. When I get to work I also have a cup of coffee. And during the rest of the day, I have two or three cups more.

Some people say that if they drink too much coffee, they have trouble falling asleep at night. But I've never had that problem. So I can drink as much coffee as I like.

I can drink any kind of coffee. But I prefer a good blend of freshly ground coffee. Good coffee has not only a good taste but also a wonderful aroma. Usually I have my coffee black because cream and sugar hide the real taste.

★ 覚えておくと得する表現・語句

the rest of the day「その日の残り」
fall asleep「眠り込む」
 ＊ fall in love「恋に落ちる」
freshly ground coffee「挽きたてのコーヒー」
 ＊ ground は grind「…を挽く」の過去分詞。ground beef「挽肉」、freshly ground pepper「挽きたての胡椒」
aroma「香り」
 ＊ coffee beans with a rich aroma「香り豊かなコーヒー豆」

日本語で確認！

　私はコーヒーを飲むのが好きです。朝起きてまず最初にコーヒーを1杯飲みます。コーヒーを飲みながら新聞を読みます。職場に着いてから、また1杯飲みます。そしてその後もさらにあと2、3杯は飲みます。

　コーヒーを飲みすぎると夜眠れなくなるという人もいます。でも私はそんなことはまったくありません。だから私は好きなだけコーヒーを飲むことができます。

　私はどんな種類のコーヒーでも飲めます。でもおいしくブレンドされた挽きたての豆で入れたもののほうが好きです。いいコーヒーはおいしいだけではなく、香りもすばらしいです。クリームや砂糖を入れると本来の味が消されてしまうので、私はたいていブラックで飲みます。

使える応用表現！

1. I'm a coffee drinker.
2. I always start out the morning with a cup of coffee.
3. I sometimes buy canned coffee from vending machines.
4. Good coffee is expensive, but it's well worth the price.
5. I grind and blend my own beans.
6. I like strong coffee.

和訳

1. コーヒー党です。
2. 私の朝は必ず1杯のコーヒーから始まります。
3. ときどき自動販売機で缶コーヒーを買います。
4. おいしいコーヒーは高いですがそれだけの価値はあります。
5. 豆を挽いて自分専用にブレンドしています。
6. 濃いコーヒーが好きです。

11 コーヒー

パターン B ▶ 喫茶店によく行きます

英語で言ってみよう！

I often go out to coffee shops. Of course, I have a cup of coffee when I go to a coffee shop, but my real reason for going is not to drink coffee.

Rather, I go there to read the newspapers and magazines. I don't get any papers or any magazines at home, so I do my reading at coffee shops. I save money that way, and anyway it's more interesting to be in a place where there are other people, instead of being home alone.

I've made friends with a number of the owners of coffee shops. And I've gotten to know the regular customers, too. In fact, I met my girlfriend at a coffee shop.

★ 覚えておくと得する表現・語句

coffee shop「喫茶店」
＊ coffee house も使われます。
that way「そのような方法で」

instead of ...「…の代わりに」
＊ instead of の後には名詞や動名詞が続きます。

日本語で確認！

　私はよく喫茶店に行きます。もちろん喫茶店に行けばコーヒーを飲むのですが、そこに行く本当の理由はコーヒーを飲むことではありません。

　むしろ新聞や雑誌を読むために行くのです。私は家で新聞も雑誌もとっていないので、喫茶店で読みます。お金の節約になりますし、ともかく、家に一人でいるよりは人がいる場所にいるほうがずっとおもしろいのです。

　私はいくつかの喫茶店の店主と友だちになりました。店の常連とも知り合いになりました。実は私の恋人とも喫茶店で知り合いました。

😊 使える応用表現！

1. I sometimes go to Internet cafes.
2. I usually go to a coffee shop for lunch.
3. I like to go to coffee shops where the refills are free.
4. Coffee shops are a nice place to talk with friends.
5. It's sad that American-style coffee shops are getting so popular.
6. Recently many old-style coffee shops are disappearing.

和訳

1. ときどきインターネットカフェに行きます。
2. 昼食を食べによく喫茶店に行きます。
3. お代わりが無料の喫茶店に行くのが好きです。
4. 喫茶店は友だちとおしゃべりするにはよいところです。
5. アメリカンスタイルのコーヒーショップがこれほど人気が出てきたのは悲しいことです。
6. 最近は昔からの喫茶店を見なくなりました。

12 喫煙

パターン A ▶ 禁煙しようと考えています

英語で言ってみよう！

I'm a smoker. My usual brand is Bison Milds but sometimes I also smoke Cope. I smoke about a pack a day. If I'm under a lot of stress at the office, I smoke more, though.

I began smoking when I was a sophomore in college. All my friends smoked so I started, too. It seemed the thing to do.

Now I'm kind of sorry that I started smoking. It's a dirty habit, so I want to quit. But it's very difficult to quit smoking. I'm very busy at work now so it's not really a good time to try quitting. But I've promised myself that I'm going to quit during my next vacation.

★ 覚えておくと得する表現・語句

a pack a day「1日1箱」
 * half a pack「半箱」

sophomore「（大学・高校の）2年生」
 * freshman「（大学・高校の）1年生」
   junior「（大学・高校の）3年生」
   senior「（大学・高校の）4年生」

kind of「ある程度、いくぶん」
 * 表現を和らげるのに役立ちます。ただし、フォーマルな状況で使いすぎると相手に表現力が不足しているような印象を与えかねません。

dirty habit「悪い習慣」

日本語で確認！

　私はタバコを吸います。ふつうはバイソン・マイルズですが、たまにコープも吸います。1日にだいたい1箱です。でも職場でストレスがたくさんたまっているときなどは、もっと吸うこともあります。

　タバコを吸い始めたのは大学2年のときです。友だちがみな吸うので私も吸い始めました。吸わなければならないように思えたからです。

　今では吸い始めたことを少し後悔しています。タバコは悪い習慣なのでやめたいと思っています。でもやめるのはとても大変です。今は仕事がとても忙しいので、禁煙に挑戦するのにはあまりいい時期ではありません。でも次の休暇中にはやめると自分自身に言い聞かせています。

使える応用表現！

1. I always have a cigarette and a cup of coffee when I wake up in the morning.
2. I smoke when I'm nervous.
3. I only smoke when I'm drinking.
4. I used to be a chain smoker.
5. I've cut down to five cigarettes a day.
6. I've decided to quit smoking.

和訳

1. 朝起きるといつも、まずタバコを1本吸い、コーヒーを1杯飲みます。
2. 緊張するとタバコを吸います。
3. お酒を飲むときだけタバコを吸います。
4. 以前はヘビースモーカーでした。
5. タバコを1日5本に減らしました。
6. 禁煙することにしました。

12 喫煙

パターン B ▶ 私はタバコをやめません

英語で言ってみよう！

I enjoy smoking. I like the taste of cigarettes and smoking helps me to relax. Some people say that smoking is a bad habit. I don't really think so.

Of course, if you smoke too much it's unhealthy. But that's true of anything—eating, working, drinking or, for that matter, even exercising.

Some people also complain that they are bothered by cigarette smoke. Well, I don't smoke in cars, buses or trains. In other places, though, I smoke. It's my right. If people don't like me to smoke, they can leave.

★ 覚えておくと得する表現・語句

be true of ...「…に当てはまる」
* What is true in one case may not be true in another. 「ある場合に当てはまることが別の場合に当てはまるとは限りません」

well「まあ」
* 驚きや不満を表す well の例です。

Well, if that's what you think. 「まあ、あなたがそう考えるなら」

one's right「…の権利」
* responsibility「責任」、fault「間違い」、choice「選択」

日本語で確認！

　私はタバコが好きです。タバコの味も好きだし、吸うとリラックスさせてくれます。喫煙は悪い習慣だと言う人もいます。私はそんなことはないと思います。

　もちろん吸いすぎは体に悪いですが、それは、食べること、働くこと、お酒を飲むこと、あるいは「しすぎる」という点では運動すること、何にでも当てはまることです。

　タバコの煙に悩まされると不満を言う人もいます。でも、私は車の中やバス・電車の中では吸いません。ですが、それ以外のところでは吸います。それは私の権利です。私がタバコを吸うのが嫌だというのなら、彼らがそこを立ち去ることもできるのですから。

使える応用表現！

1. I've never thought of quitting smoking.
2. Most of my friends smoke.
3. I can't smoke at my office.
4. I think people shouldn't smoke in public places.
5. More and more places are nonsmoking.
6. Smokers have rights, too.

和訳

1. 禁煙しようと思ったことは一度もありません。
2. 友だちのほとんどがタバコを吸います。
3. 私の職場ではタバコを吸うことができません。
4. 公共の場所では喫煙すべきではないと思います。
5. ますます多くの場所が禁煙になってきています。
6. 喫煙者にも権利があります。

13 買い物

パターン A ショッピングが好きです

英語で言ってみよう!

It's fun to go to big department stores and look at all the things they have. I particularly like shopping for clothes. I can't spend very much money on clothes, so usually I just look. But if I really like something and the price is right, I'll buy it.

I also like going to smaller stores. The smaller stores often have a better selection of recent fashions. But unless they are having a sale, their prices are too high.

I usually go shopping on Sunday. I shop for an hour or so and then have lunch in one of the restaurants. Then I shop some more. If I decide to buy something, I try to see if other stores have the same thing at a cheaper price. I'm a careful shopper.

★ 覚えておくと得する表現・語句

it's 〜 to do「…することは〜です」
* to 以下の文が長いときには、it を使うことで文がスマートになります。〜のところには、fun のほかに、interesting、pleasant、enjoyable などが使えます。

right「適切な、ふさわしい」
careful shopper「よく考えて買い物する人」
* impulse buying「衝動買い」
  I always buy things on impulse.
  「いつも衝動買いしてしまいます」

日本語で確認！

　大きなデパートに行ってあらゆる品物を見て回るのは楽しいものです。私は特に洋服を買いに行くのが好きです。洋服にそれほどお金をかけられないので、ふだんは見るだけです。でも本当に気に入ったものがあって値段も手ごろならば、買います。

　小さな店をのぞくのも好きです。小さな店のほうが最新のファッションを豊富に品ぞろえしていることもよくあります。でもセールでないときは値段がとても高いです。

　たいていは日曜日に買い物に出ます。1時間かそこら買い物をしてからレストランに入って、お昼ご飯を食べます。そしてまた、買い物をします。何か買おうと思ったときには、同じものがほかの店でもっと安く売っていないか確認するようにしています。私は衝動買いはしません。

使える応用表現！

1. I like going shopping.
2. Usually I buy name-brand products.
3. I buy whatever is the cheapest.
4. There are three big supermarkets in my neighborhood.
5. I usually spend ¥35,000 a month on food.
6. I do Internet shopping.

和訳

1. 買い物に行くのが好きです。
2. たいていブランド品を買います。
3. 一番安いものを買います。
4. うちの近所には大きなスーパーマーケットが3つあります。
5. 私の1か月の食費はだいたい35,000円です。
6. インターネットで買い物をしています。

13 買い物

パターン B ▶ 買い物は疲れるので嫌いです

英語で言ってみよう！

Shopping isn't really my cup of tea. Sometimes my friends take me shopping with them, but I never enjoy it. Why don't I enjoy it? Well, first I never have any money to spend.

Some people like window-shopping, but I don't. If I can't buy something, there's no reason for me to go shopping. For me, it's just a waste of time.

Also, shopping is tiring. After walking around a department store for a few hours, my feet ache and all I want to do is find someplace to sit down. And when you go shopping on the weekend, the stores are always horribly crowded.

★ 覚えておくと得する表現・語句

one's cup of tea
「お気に入り、好みのもの」
＊古いイギリスの表現で、否定的な文脈で使われます。

window-shopping
「ウインドーショッピング」
＊ go window-shopping 「ウインドーショッピングに行く」

「ウインドーショッピングをする人」は window-shopper です。

tiring「くたびれる」
＊ time-consuming「時間がかかる」
boring「退屈な」

all I want to do
「私がしたいすべてのこと」

日本語で確認！

　買い物は私の好みではありません。ときどき友だちに連れられて買い物に行きますが、楽しいと思ったことはありません。どうして楽しくないのかですって？　そうですね、まず第一に使うお金がないからです。

　ウインドーショッピングが好きだという人もいますが、私は嫌いです。買えないのなら、買い物に行く理由などありません。私にとってそれは単に時間の無駄づかいです。

　それに、買い物は疲れます。デパートの中を2、3時間も歩き回ったら、足が痛くなって、とにかくどこか座れるところを探すだけです。それに週末に買い物に行こうものなら、店はいつもひどく込んでいます。

使える応用表現！

1. I hate going shopping.
2. I can't afford to buy any expensive things.
3. Window-shopping makes me feel depressed.
4. Shopping is troublesome.
5. Most new shopping centers are too big to walk around and shop in.
6. I use a credit card when I shop.

和訳

1. 買い物に行くのは大嫌いです。
2. 高いものを買う余裕はありません。
3. ウインドーショッピングをしているとみじめな気持ちになります。
4. 買い物は面倒くさいです。
5. 新しいショッピングセンターのほとんどは、歩きながら買い物をするにはあまりにも大きすぎます。
6. 買い物にはクレジットカードを使います。

14 服装

パターン A ▶ 服装には気をつかいます

英語で言ってみよう！

Dressing well is important to me. People say that you are what you wear. And I think that's basically true. Certainly, other people's first impression of you is based on the clothing you wear. So I try to dress carefully.

At work I wear conservative clothes. Usually I wear a dark gray or blue suit with black dress shoes. Of course, buying a good-looking suit is expensive, but I think the investment is worth it.

Even in my free time, I try to dress well. I always wear a nice shirt and a nice pair of slacks. Sometimes when I'm relaxing at home, I wear comfortable clothes. But whenever I go out of the house, I try to look my best.

★ 覚えておくと得する表現・語句

basically「基本的には、要するに」
* Basically I'm lazy.「要するに、私は怠け者です」

conservative「地味な」
* a conservative black suit「地味な黒いスーツ」

good-looking「見た目のいい」
* 「美しい、ハンサムな」という意味にも使われます。

worth it「その価値がある」
* Obihiro is worth visiting many times.「帯広は何度も訪れるだけの価値があります」

日本語で確認！

　いい着こなしをするのは私にとっては重要なことです。着る物はその人を表すと言います。私も基本的にそれは本当だと思います。確かに、その人の第一印象は着ている物に左右されます。だから私は服装には気をつかうようにしています。

　仕事のときは地味な服装をしています。たいていはダークグレーか紺のスーツに黒いフォーマルな靴です。もちろん、見た目のいいスーツは高価ですが、投資する価値はあると思います。

　休みの日でも服装には気をつかっています。いつもすてきなシャツとズボンを履いています。ときどき、家でくつろぐときは着心地のいい服を着ます。でも出かけるときはいつも精一杯よく見えるように努めています。

使える応用表現！

1. Fashion is important to me.
2. I wear a suit and tie to work.
3. I dress well so as to create a good impression.
4. I wear what's in fashion.
5. I have many outfits.
6. I spend about thirty thousand yen a month on clothes.

和訳

1. ファッションは私には重要です。
2. 仕事のときはスーツとネクタイです。
3. 他人によい印象を与えるように服装には気をつかっています。
4. 流行の服を着ます。
5. 服はいろいろ持っています。
6. 毎月３万円を衣服に費やしています。

14 服装

パターン B ▶ 服装には無頓着なほうです

🔴 英語 で言ってみよう！

I've never been a very careful dresser. When I was younger, my family was poor and my parents couldn't afford to buy me nice clothes. So I got used to wearing old clothes.

At first I was embarrassed that I couldn't wear all the clothes that were in fashion with my friends. But later I realized that one's inner character is more important than one's clothing. The people who were always trying to look cool were usually quite superficial.

Also, the clothes people usually wear are not so comfortable. I always buy my clothes one size bigger. If I buy my regular size it might look better on me, but actually it's too tight. I feel like I can't breathe.

★ 覚えておくと得する表現・語句

careful dresser 「服装に気をつかう人」
* I always dress carefully. 「いつも服装には気をつかっています」

get used to ... 「…に慣れる」
* be used to ... 「…に慣れている」
  used to ... 「よく…した」

cool 「かっこいい」
* His new suit looks pretty cool. 「彼の新しいスーツはすごくかっこいい」

superficial 「表面的な」
* superficial knowledge 「うわべだけの知識」

breathe 「息をする」
* 名詞形は breath 「息」。

日本語で確認！

　私は服装に気をつかったことなどありません。若いころは家が貧しく、両親は私にいい服を買ってくれる余裕などありませんでした。ですから私は古い服を着るのに慣れてしまったのです。

　はじめのうちは、友だちの間ではやっている服を着ることができなくて、恥ずかしい思いをしたこともありました。でもその後、着ているものよりもその人の中身のほうがずっと大切だということがわかりました。常にかっこよく見せようとしている人たちはたいてい見かけ倒しでした。

　それに、人がふだん着ている服は着心地があまりよくありません。私は必ずワンサイズ大きい服を買います。ちょうどいいサイズのものを買えば見栄えはいいかもしれませんが、私には窮屈すぎます。息もできないような気がするのです。

使える応用表現！

1. I like to wear something casual.
2. I sometimes don't care how I dress.
3. Keeping up with the latest fashions is expensive and troublesome.
4. I sometimes dress up.
5. Blue jeans are what I like to wear.
6. I have no sense of fashion.

和訳

1. カジュアルな服を着るのが好きです。
2. ときどき服装に無頓着になります。
3. 洋服の流行についていくのは高くつくし、面倒です。
4. ときどきおしゃれします。
5. 履くのが好きなのはジーンズです。
6. ファッションセンスはありません。

15 家

パターンA すてきな家で気に入っています

英語で言ってみよう！

I live in a nice house. The location is convenient; it's only a ten-minute walk from the train station. But the neighborhood is very quiet. There's not much traffic.

The house itself is fairly large. There are three bedrooms upstairs and a living room, kitchen, and dining room downstairs. There's also a separate garage.

My house is well-furnished. I have some antiques as well as works of art in my home. We also have a lot of plants. I like plants. Unfortunately, I don't have enough room for a garden.

★ 覚えておくと得する表現・語句

location「場所、所在」
* My house is conveniently located in Tokyo.「私の家は東京の便利な場所にあります」

neighborhood「近所」

fairly「かなり、いくぶん」

* fairly は高くも低くもない「ほどほどの程度」、一方 rather は「並以上の程度」を表します。

furnished「家具つきの」
* 反意語は unfurnished です。

日本語で確認！

　私はいい家に住んでいます。駅から歩いてほんの10分という便利な場所にあります。でも近辺はとても閑静です。交通量もそう多くはありません。

　家自体もかなり大きいです。2階に寝室が3つと1階に居間、台所、そして食堂があります。別にガレージもついています。

　家の中にはいろいろな家具を置いています。アンティークや美術品も多少あります。また植物もたくさんあります。私は植物が好きです。ただ残念なことに庭を造るのに十分な空間がありません。

😊 使える応用表現！

1. My house is in a good neighborhood.
2. My home is not far from the station.
3. My house is very comfortable.
4. I get along well with my neighbors.
5. I have a lot of nice things in my house.
6. I like spending time at home.

和訳

1. 家は環境のよいところにあります。
2. 家は駅からそう遠くはありません。
3. 私の家はとても快適です。
4. 近所の人と仲よくやっています。
5. 家にはすてきなものがたくさんあります。
6. 家で時間を過ごすのが好きです。

15 家

パターン B ▶ 狭いアパート暮らしです

英語で言ってみよう！

I live in a tiny, two-room apartment. There's barely room in it for the furniture I have. It's also about thirty years old. The walls have cracks in them and the tatami mats are slowly rotting away.

One reason I'm living in a place like this is money. The rent isn't cheap, but the other places are even more expensive. I could move out of the city, but I hate commuting.

Another reason is that in some ways where I live isn't so important to me. I spend little time at home. It's just a place to eat and sleep. So I'd rather have a nice car than a nice apartment.

★ 覚えておくと得する表現・語句

tiny「とても小さな」
 * cramped「狭苦しい」
   roomy「広々とした」
apartment「(1世帯分の) アパート」
 * 建物全体は apartment house、apartment building と言います。
barely「かろうじて、やっと」

 * I had barely enough money to live on last month.「先月はどうにか暮らすだけのお金しかありませんでした」
crack「ひび割れ」
rot away「朽ち果てる」
where I live「私が住むところ」

日本語で確認！

　私は小さな2部屋のアパートに住んでいます。私の持っている家具をなんとか置くだけの場所があるだけです。そのうえ、築30年もたっています。壁にはひびが入り、畳はだんだん腐ってきています。

　こんなところに住んでいる理由の1つはお金です。家賃は安いとは言えませんが、ほかのところだとさらに高くなってしまいます。郊外に引っ越すという手もありますが、通勤するのが嫌です。

　もう1つの理由は、私にとってはどんなところに住むかはそれほど重要ではないということです。家にはほとんどいません。ただ食べて眠るだけの場所なのです。そんなわけで、私はいいアパートに住むよりはいい車を持ちたいと思っています。

😊 使える応用表現！

1. I live in a six-mat, one-room apartment.
2. My apartment is on the fifth floor.
3. My apartment is too hot in summer.
4. My rent is sixty thousand yen a month.
5. Considering the rent, my apartment is OK.
6. My apartment has a lot of problems.

和訳

1. 6畳一間のアパートに住んでいます。
2. 私のアパートは5階にあります。
3. 私のアパートは夏、暑すぎます。
4. 家賃は月6万円です。
5. 家賃を考えると、私のアパートはまあまあです。
6. 私のアパートには問題がたくさんあります。

16 週末

パターン A ▶ 週末はいつも外出します

英語で言ってみよう！

I have two days off on the weekend, Saturday and Sunday. I feel lucky because some people have to work on the weekend. It's nice to have a break from work.

Some people like doing nothing on the weekend, but I like to keep busy. If I'm bored on the weekend, I feel like I'm wasting my time. So I play sports, go for drives, have parties with my friends or go out to restaurants.

By the time Sunday night rolls around, I'm always ready for a good night's sleep. My only regret is that the weekend is too short. But I guess that's life.

★ 覚えておくと得する表現・語句

two days off「2日間の休み」
* We are on a five-day work week.
  「私たちの会社は週休2日制です」

break「(短い) 休暇」

feel like ...「…のように感じる」
* like の後に節「主語+動詞」がくる例です。

roll around「再びやってくる」

日本語で確認！

　私は週に2日、土曜日と日曜日が休みです。週末にも働かなければならない人たちもいるのですから、私は幸運です。仕事を離れて休むのはいいものです。

　週末は何もせず過ごすのが好きという人もいるようですが、私は忙しくしているほうが好きです。週末に何もすることがないと時間を無駄づかいしているような気がします。だから、スポーツをしたり、ドライブをしたり、友だちとパーティーをしたり、レストランへ食事に行ったりします。

　日曜の夜になるころには、いつもぐっすり眠れる状態になっています。唯一、残念なことは週末があまりにも短いということです。でもそれは仕方ないことです。

使える応用表現！

1. The weekend is my chance to have fun.
2. I want to forget about work on the weekend.
3. I'm very busy during the week, so on the weekend I like to relax.
4. I always look forward to the weekend.
5. I do things around the house during the weekend.
6. I see my girlfriend on the weekend.

和訳

1. 週末は私にとって楽しく過ごすための機会です。
2. 週末は仕事のことは忘れたいと思っています。
3. 平日はとても忙しいので、週末はのんびり過ごすのが好きです。
4. いつも週末を楽しみにしています。
5. 週末には家の片づけなどをします。
6. 週末には恋人と会います。

16 週末

パターン B ▶ 週末も会社に行きたいほうです

英語で言ってみよう！

I get a day and a half off for the weekend. It's not a very long time, but I don't mind. In fact, I like it when I have to work on the weekend. It gives me something to do.

If I'm free, I don't know what to do with myself. I can watch TV, but after five or six hours I get pretty tired of it. I can go out, but once a week is all I can afford. I can visit my friends, but I don't want to hang around with them all the time.

So I'm happiest when I'm working. I particularly like going on business trips on the weekend. That way I get the best of both worlds, work and play.

★ 覚えておくと得する表現・語句

something to do「何かすること」
* I have nothing to do on the weekend.「週末は何もすることがありません」

get tired of ...
「…に飽きる、うんざりする」

hang around「うろつく、ぶらつく、(人と一緒に) 時間をつぶす」
* I used to hang around downtown with my friends.「よく友だちと繁華街をぶらついたものです」

that way「そうすることで」

日本語で確認！

　私の週末は1日半の休みです。あまり長いとは言えませんが、私は別にかまいません。実際は、週末に仕事をしなければならないときのほうがいいくらいなのです。そうすれば何かやることができますから。

　何もないときには、一人で何をしたらよいのかわかりません。テレビを見ることもできますが、5、6時間も見ていると嫌になってしまいます。外に出かけることもできますが、週に1回がせいぜいです。友だちのところに遊びに行くということもできますが、いつも一緒に過ごしていたくはありません。

　だから私は働いているときが一番楽しいのです。特に週末の出張は大好きです。そうすれば、仕事と遊びの両方を目一杯楽しめます。

使える応用表現！

1. I'm usually free on Saturday and Sunday.
2. I have to work in the morning every other Saturday.
3. Sometimes I have meetings on the weekend.
4. I sleep in on the weekend.
5. The weekend is too long.
6. I hate three-day weekends.

和訳

1. たいてい土曜、日曜は暇です。
2. 隔週の土曜日の午前中に仕事をしなければなりません。
3. ときどき週末に会議があります。
4. 週末は寝坊します
5. 週末は長すぎます。
6. 3連休の週末は大嫌いです。

こんな質問がきたら、自分を伝えるチャンス！

◎ 食べ物

What's your favorite food?
（一番好きな食べ物は何ですか）

Do you cook?
（料理はしますか）

◎ レストラン

Do you often go to restaurants?
（レストランへよく行きますか）

What kinds of restaurants do you like to go to?
（どんなレストランへ行くのが好きですか）

◎ コーヒー

Which do you prefer, tea or coffee?
（紅茶とコーヒーのどちらが好きですか）

Do you often go to coffee shops?
（喫茶店によく行きますか）

◎ 喫煙

Do you smoke?
（タバコを吸いますか）

Have you tried to quit smoking?
（タバコを吸うのをやめようとしたことがありますか）

◎ 買い物

Do you enjoy shopping?
（買い物をするのが好きですか）

Are you a careful shopper?
（買い物には慎重ですか）

◎ 服装

How do you usually dress?
（ふだんどのような服装をしていますか）

Do you like to keep up with the latest fashions?
（最新のファッションを追うのが好きですか）

◎ 家

Do you live in a house or an apartment?
（一戸建て、それともアパートに住んでいますか）

Does your house have any special features?
（あなたの家には何か特色がありますか）

◎ 週末

What do you like to do on the weekend?
（週末に何をするのが好きですか）

Do you usually sleep in on weekends?
（週末はたいてい寝坊しますか）

第3章

趣味や余暇で「自分らしさ」をうまく出そう！

- ⑰ 旅　行
- ⑱ 音　楽
- ⑲ 映　画
- ⑳ 読　書
- ㉑ 英　語
- ㉒ パソコン
- ㉓ テレビ
- ㉔ スポーツ

17 旅行

パターン A ▶ 旅行は大好きです

英語で言ってみよう！

　Traveling is something I enjoy doing. I travel whenever I have the chance. Of course, traveling is a little expensive so I can't take trips all the time. But every month I try to take a short trip to somewhere new in Japan.

　Once a year I like to go overseas. It's fun and, like they say, it broadens your horizons. So far I've been to Guam, Hong Kong, Indonesia and New York.

　In the future, I'd like to visit Europe. I want to go to Germany, Switzerland, England and Hungary, but maybe that's too many places for one trip. So perhaps I'll just go to Switzerland. Switzerland seems like a very beautiful place.

★ 覚えておくと得する表現・語句

something I enjoy doing
「するのが楽しみなこと」
* something の後に that を入れると理解しやすくなるでしょう。

somewhere new
「どこか新しいところ」
* something new と同じように、形容詞の new が後から修飾する例です。

go overseas「海外へ行く」
*「外国」は foreign country、そして「外国へ行く」という意味は go overseas、go abroad がよく使われます。「海外旅行をする」なら make a trip abroad、travel abroad がぴったりです。

日本語で確認！

　私が楽しみにしているのは旅行です。機会があればいつでも旅に出ます。もちろん、旅行するのは少し高くつくので、そうしょっちゅうというわけにはいきません。でも月に1回は国内で今までに行ったことのないところへ小旅行をするようにしています。

　年に1度、海外に行くのが好きです。楽しいですし、よく言われるように、視野が広がります。これまでにグアム、香港、インドネシア、そしてニューヨークに行きました。

　将来的にはヨーロッパに行きたいと考えています。ドイツ、スイス、イギリス、ハンガリーに行ってみたいのですが、1度で回るにはちょっと多すぎるかもしれません。だから、たぶんスイスだけに行くことになると思います。スイスはとても美しいところのようです。

使える応用表現！

1. Traveling is one of my favorite things to do.
2. I've traveled to most places in Japan.
3. I go to Hokkaido for two weeks every summer.
4. Traveling makes me feel young.
5. I'm interested in going to developing countries.
6. I'm planning to go to Switzerland next.

和訳

1. 旅行は私の趣味の1つです。
2. 日本国内はほとんど旅行しました。
3. 毎年夏に2週間北海道に行きます。
4. 旅行をすると若い気分になります。
5. 開発途上国に行くことに興味があります。
6. 次はスイスに行こうと計画中です。

17 旅行

パターン B ▶ 旅行するより家でゆっくり過ごしたいです

CD 34

英語で言ってみよう！

I can't stand traveling. It's nothing but trouble. You're supposed to go traveling to see the sights, but actually you spend more time in airports, train stations, buses and hotels than you do on sightseeing.

And all the famous sightseeing places are horribly crowded. You have to fight the crowds to catch a glimpse of the place that you came miles to see. The locals hate tourists so they won't talk to you, or if they do they just want your money.

So I don't like traveling. I'd rather have a peaceful time at home than waste my money on an expensive trip.

★ 覚えておくと得する表現・語句

stand「…を我慢する、辛抱する」
* …ing の代わりに、I can't stand to travel のように〈to + 動詞の原型〉も使うことができます。

be supposed to …「…することになっている、するはずである」

the sights「名所、観光地」

* 上記の意味では複数形を使います。
sightseeing place も同じ意味。
see the sights of Boston「ボストンの名所を見物する」

horribly「ひどく、すごく」

a glimpse of …
「…がちらりと見えること」

日本語で確認！

　私は旅行などごめんです。苦痛以外の何物でもありません。旅行というのは観光するために行くものなのに、実際には、観光する時間よりも空港や駅、バスやホテルの中で過ごす時間のほうが多いのです。

　そのうえ、観光名所はどこもひどく込んでいます。遠くからわざわざやってきてその名所をほんのひと目ちらっと見るだけのために、人込みの中をもみくちゃにならなければいけないのです。地元の人たちは観光客を嫌っているから話もしてくれないし、もし話してくれたとしてもお金が目当てなだけです。

　そんなわけで私は旅行が嫌いなのです。高価な旅行でお金を無駄づかいするよりは、家で静かに過ごすほうがいいのです。

使える応用表現！

1. Traveling is tiring.
2. I dislike spending hours on the bus.
3. I've never been overseas.
4. Tourist spots are generally too expensive.
5. I travel as cheaply as I can.
6. I prefer staying at home to traveling.

和訳

1. 旅行は疲れます。
2. 何時間もバスの中で過ごすのが嫌いです。
3. 海外に行ったことはありません。
4. 観光地ではたいてい値段が高すぎます。
5. できるだけ安上がりに旅行します。
6. 旅行するより家にいるほうが好きです。

第3章　趣味や余暇で「自分らしさ」をうまく出そう！

18 音楽

パターン A ▶ 音楽は生活のすべてです

英語で言ってみよう！

Music is one of my loves in life. I'm always listening to music—at home, in my car and at work. A day without music is like a day without sunshine for me.

I like almost all kinds of music. But I'm especially fond of rock music because you can dance to it. My favorite singer is Jerry Campbell. He's a great songwriter. I also like Marsha. She's very talented, too.

I'm not very good at singing myself. I like listening to other people sing, though. I sometimes go out to karaoke bars. It's difficult for me to say no when other people ask me to sing. I try to explain that I'm not at all musical. But they always insist that I sing.

★ 覚えておくと得する表現・語句

be fond of ...「…が好きである」
* be keen on …、be crazy about … もよく使われます。

talented「(生まれつきの) 才能がある」
* gifted「天才的な」
  superb「すばらしい」

be good at ...「…が上手な」

musical「音楽の才能がある」
* The Satos are a musical family.「佐藤さんのところは音楽一家です」

insist that I sing
「私が歌うべきだと主張する」
* I と sing の間に should が省略されています。

日本語で確認！

　音楽は私の生活の中で大好きなものの1つです。私はいつも音楽を聴いています——家の中、車の中、そして仕事中も。音楽のない日は私にとって太陽が出ていない日のようなものです。

　ほとんどどんな種類の音楽でも好きです。でも音楽に合わせて踊ることができるので、ロックが特に好きです。一番好きな歌手はジェリー・キャンベルです。彼はすばらしいソングライターです。マーシャも好きです。彼女もとても才能豊かです。

　私自身は、歌はあまり得意ではありません。他人の歌を聴くのは好きですが。ときどきカラオケバーに行きます。人に歌うように勧められると断るのが大変です。私には音楽の才能がないから、と言って説明するようにしています。でも、いつも歌うように強要されます。

😊 使える応用表現！

1. Music is a big part of my life.
2. For getting rid of sadness, nothing is better than music.
3. I prefer Marsha to Cindy Kingston.
4. I think I'm an awful singer.
5. I don't have a good singing voice.
6. I sang at a karaoke place for the first time in my life.

和訳

1. 音楽は私の生活の大きな部分を占めています。
2. 悲しみを追い払うためには、音楽に勝るものはありません。
3. シンディ・キングストンよりもマーシャのほうが好きです。
4. 私の歌はひどいと思います。
5. 歌声はよくありません。
6. カラオケ店で生まれて初めて歌を歌いました。

18 音楽

パターン B ▶ 音楽はただ聞いているだけです

英語で言ってみよう！

I'm not particular about what music I listen to. Rock, hip hop, country-western, jazz, *enka*, classical, folk—it's all the same to me. I like to listen to music when I'm driving or working, or doing nothing at home.

I never listen to the lyrics or try to understand the message of the music. I listen to music just for the general feeling it gives me.

As for playing music, I'm afraid I can't play any instruments. Of course, I've tried strumming a guitar a few times. But I've never had the patience to spend months and months practicing. Anyway, if you're not really gifted you'll never become that good, no matter how long you practice.

★ 覚えておくと得する表現・語句

be particular about ...
「…について好みがうるさい」
lyrics 「歌詞」
* That song has good lyrics.「その歌にはいい歌詞がついています」
that「それほど」
* 口語では量・程度を表す形容詞・副詞を限定して「そんなに、それほど」という意味で使われます。

The problem isn't that easy.「その問題はそんなに簡単ではありません」
no matter how「どんなに…しても」
* 比較的くだけた表現で、主に話し言葉で使われます。
No matter how hard I try, I always fail.「いくら必死にやっても、毎回失敗してしまいます」

日本語で確認！

　私はどんな音楽でも聴きます。ロック、ヒップホップ、カントリーウェスタン、ジャズ、演歌、クラシックにフォーク——私にはどれも似たようなものです。私が音楽を聴くのは車を運転するときや仕事中、家で何もすることのないときなどです。

　歌詞はまったく聴いていませんし、その音楽のメッセージを理解しようなどとはしません。その音楽の持つ漠然としたフィーリングを楽しむために聴いています。

　演奏するということに関しては、残念ながらまったく何も弾けません。もちろん、何度かギターをかき鳴らしたことはあります。でも、何か月も練習に費やす忍耐力はありませんでした。いずれにしろ、かなりの才能がないかぎりは、どんなに長い期間練習したとしてもそんなにうまくはならないでしょう。

使える応用表現！

1. I'm not particular when it comes to music.
2. I don't care for jazz.
3. I like to listen to music especially while I'm working.
4. I haven't been to a live performance recently.
5. I can play the guitar just a little.
6. I wish I could play the trumpet.

和訳

1. 音楽についてはあまりうるさくありません。
2. ジャズは好きではありません。
3. 特に仕事をしながら音楽を聴くのが好きです。
4. 最近はライブに行っていません。
5. ほんの少しだけギターが弾けます。
6. トランペットが吹けたらいいのに。

19 映画

パターン A ▶ 映画をよく見ます

英語で言ってみよう！

I really enjoy watching movies. I like almost all kinds of movies, but I especially like detective stories. They're exciting because there's a lot of action, and they usually have an interesting plot.

I used to watch a lot of science fiction, but I guess my taste in movies has changed. Either that or I've seen most of the good science fiction movies.

I sometimes like to watch love stories. Recently I saw *Sweet Kiss* again. It's an interesting movie.

★ 覚えておくと得する表現・語句

detective stories「刑事もの」
* cop movies とも言います。ほかに、adventure movies「冒険映画」、action movies「アクション映画」、horror movies「ホラー映画」、animation「アニメ」、documentaries「ドキュメンタリー」などがあります。

plot「（小説・劇などの）筋」
* story line とも言います。

taste「（…に対する）好み、趣味」
* There's no accounting for taste.「人の好みは説明できない——蓼食う虫も好きずき」

日本語で確認！

　私は映画を見るのがとても好きです。ほとんどどんな映画でも好きですが、刑事ものが特に好きです。アクション場面がたくさんあって楽しめるし、筋もおもしろいものが多いからです。

　以前はSFをよく見ていましたが、映画の好みが変わってきたようです。それか、いいSF映画をほとんど見てしまったからかもしれません。

　私はときどき恋愛映画も見ます。最近では『スイート・キス』をもう一度見ました。とてもおもしろい映画です。

使える応用表現！

1. I'm a moviegoer.
2. My favorite film is *Where You Live*.
3. The best movie I've seen recently is *Grand House*.
4. Any movie is fine except horror.
5. The last movie I saw was a historical drama.
6. I rent one or two DVDs a month.

和訳

1. 私は映画ファンです。
2. 一番好きな映画は『ウェア・ユー・リブ』です。
3. 最近見た映画で一番よかったのは『グランド・ハウス』です。
4. ホラー以外ならどんな映画でも好きです。
5. 最後に見た映画は歴史ドラマでした。
6. 月に1、2本はDVDを借ります。

19 映画

パターン B　最近の映画はあまり見ません

英語で言ってみよう！

I don't like watching movies so much. Most of the movies they make are mindless action movies. The plot isn't important; it's just a way of bringing sex and violence into the movie.

Sometimes I like watching serious movies. But there are few really good ones, especially these days. So I'm always taking a chance when I see a new movie.

Mostly I like watching old movies. The characters have some depth and the stories are about real human feelings. No one today can compare with Ingrid Cable or Clark Johnson.

★ 覚えておくと得する表現・語句

mindless「愚かな」	take a chance「運にまかせる」
violence「暴力」	depth「(知識・考えなどの) 深さ」
＊There's too much violence in the new movie.「その新しい映画には暴力シーンが多すぎます」	

日本語 で確認！

　私は映画を見るのがあまり好きではありません。作られる映画のほとんどは中身のないアクション映画ばかりです。話の筋が重要なのではなく、ただセックスと暴力を映画に持ち込んでいるにしかすぎません。

　シリアスな映画はときどき見ます。でも特に最近はあまりいい映画がありません。だから新しい映画を見るときには運に任せます。

　私は主に昔の映画を見るのが好きです。人物に深みがあり、ストーリーは本当の人間の感情に関するものだからです。イングリッド・ケーブルやクラーク・ジョンソンに並ぶ俳優は今の映画界にはいません。

使える応用表現！

1. I'm not so interested in watching movies.
2. I rarely go to movie theaters.
3. Watching new movies is just a waste of time.
4. I don't know any of this year's Academy Award winners.
5. I used to see many Japanese movies.
6. I prefer serious films to comedies.

和訳

1. 映画を見ることにあまり興味がありません。
2. めったに映画館には行きません。
3. 新しい映画を見るのは時間の無駄です。
4. 今年のアカデミー賞受賞者はだれも知りません。
5. 以前はたくさんの日本映画を見たものです。
6. コメディーよりもシリアスな映画のほうが好きです。

20 読書

パターン A ▶ 特に恋愛小説をよく読みます

英語で言ってみよう！

I like reading novels. I read about two or three novels a month. I like all kinds, but I particularly like reading romance novels.

The life of a housewife isn't so interesting. Maybe that's why I like reading about love. At any rate, novels open up a new world to me. I can enter the minds of other people and become a different person myself.

When you watch a movie, you're always just a spectator. But with novels it's different. When I read a novel, I think I'm learning something about myself and others.

★ 覚えておくと得する表現・語句

romance novel「恋愛小説」
* mysteries「ミステリー、推理小説」
  detective stories「推理小説」
  science fiction「SF」
  fantasies「空想小説、ファンタジー」

at any rate「とにかく、いずれにせよ」
* 「とにかく」という意味では、anyway が最も一般的に使われています。at any rate には「どんなことがあっても」という意味合いがあり、その点では in any case に近いようです。

spectator「観客」
* スポーツの試合の場合などには spectator を使います。コンサート、講演、演劇では audience が使われます。

日本語で確認！

　私は小説を読むのが好きです。月に2、3冊は読みます。どんな小説も好きですが、特に恋愛小説をよく読みます。

　主婦の生活はたいしておもしろいこともありません。だから愛についての本を読むのが好きなのでしょう。とにかく小説は新しい世界を広げてくれます。他人の心の中に入り込み、まったく別の自分になることができます。

　映画を見るときは、常に観客にしかすぎません。でも小説は違います。私が小説を読むときは、自分自身、そしてほかの人びとについても学んでいるような気がします。

使える応用表現！

1. I've read hundreds of novels in my life.
2. I have a fairly large collection of novels at home.
3. I like browsing in bookstores.
4. I usually go to used bookstores to buy novels.
5. My favorite author is Yusaku Endo.
6. The novel is always better than the movie.

和訳

1. これまでに何百冊という小説を読んでいます。
2. 家にはかなりの数の小説があります。
3. 本屋で立ち読みするのが好きです。
4. 小説を買うときはたいてい古本屋に行きます。
5. 一番好きな作家は遠藤優作です。
6. 常に小説のほうが映画よりいいです。

第3章　趣味や余暇で「自分らしさ」をうまく出そう！

20 読書

パターン B ▶ 読書は時間の無駄です

英語で言ってみよう！

To be honest, I don't think that reading novels is such a good thing. Of course, there are a lot worse things you can do. But I don't think that people get any special benefits from reading novels.

First of all, it takes a lot of time to read a novel. If people spent the same amount of time working, they could make more money for themselves and help society, too. Also when people read books, they shut themselves off in their own private world. This isn't good for society.

And some people begin thinking they're better than other people. They think they understand what life is all about because they've read some famous novels. Actually, to understand about sex, money and power you'll learn a lot more if you read *manga* instead of novels.

★ 覚えておくと得する表現・語句

to be honest「正直に言うと」
* **to be frank**「率直に言えば」
make money「金を儲ける」
* My father did many things to make money.「父は金儲けのためにいろいろなことをしました」
shut off「(…から) 切り離す」
what life is all about「人生が何であるか」

日本語で確認！

　正直言って、小説を読むことはそれほどいいことだとは思いません。もちろんそれ以上に悪いこともあります。でも、小説を読むことから何か特別な利益を得るということはないと思います。

　第一に、小説を読むのには大変な時間を必要とします。その時間をすべて仕事に注ぎ込んだなら、もっとお金を稼ぐこともできるし、世の中のためにもなるでしょう。また、本を読むときは、自分だけの世界に閉じこもってしまうものです。これは世の中のためによくありません。

　中には自分が他人よりも優れていると思い始める人もいます。有名な小説を何冊か読んだのだから、人生がどんなものかわかったつもりになってしまうのです。実際のところ、セックスやお金や権力について知りたいのなら、小説よりもマンガを読むほうがずっと勉強になります。

使える応用表現！

1. I'm not a bookworm.
2. I prefer non-fiction to fiction.
3. I don't have the time to read novels.
4. Reading makes my eyes tired.
5. It's hard to judge a book by looking at its cover.
6. I did a lot of reading but I didn't learn much.

和訳

1. 読書家ではありません。
2. フィクションよりもノンフィクションのほうが好きです。
3. 小説を読む時間がありません。
4. 読書をすると目が疲れます。
5. 表紙だけでその本の中身を判断するのは難しいことです。
6. たくさん読書はしましたが、それほど学ぶことはありませんでした。

21 英語

パターン A ▶ 楽しく英語を勉強しています

英語で言ってみよう！

　I can't say my English is very good, but I still enjoy studying English. I always listen to the English conversation program on the radio in the morning. I also take classes at an English conversation school once a week.

　Why do I like studying English? Well, one reason is that it's useful to know English. Also I've met many friends by studying English—both foreigners and other Japanese.

　Another reason is that it's fun to study English. I learn a lot of things and have a good time at the same time. So even though my English isn't perfect, I still like to try to speak in English.

★ 覚えておくと得する表現・語句

English conversation school「英会話学校」
＊日本では多くの場合このように呼ばれています。

at the same time「同時に」
＊この意味のほかに、「…とはいえ」という意味で使われる例もあります。
I know studying abroad is exciting, but at the same time it's expensive.
「海外留学は楽しいということはわかりますが、お金もかなりかかります」

perfect「完璧な」
＊fluent「流ちょうな」
grammatical「文法的に正しい」
smooth「滑らかな」

日本語で確認！

　私の英語はあまり上手とは言えませんが、それでも楽しんで勉強しています。朝は必ずラジオの英会話番組を聞いています。そして週に1度、英会話学校のクラスにも通っています。

　どうして英語を勉強するのが好きなのかって？　そうですね、1つには英語を知っていると便利だということです。また、英語を勉強しているおかげで、外国人、日本人を問わず、たくさんの友だちができました。

　もう1つの理由は、英語の勉強はとても楽しいということです。いろいろなことを学べるのと同時に、楽しむこともできるのです。だから、たとえつたない英語でもしゃべろうとがんばっているのです。

使える応用表現！

1. I can't make myself understood.
2. I like talking with foreigners in English.
3. My reading ability is better than my speaking ability.
4. I know a lot of words in English
5. I'm studying English conversation.
6. My method of studying English is listening to CDs.

和訳

1. 自分の考えを相手にわかってもらえません。
2. 外国人と英語で話すのが好きです。
3. 話すよりも読むほうが得意です。
4. 英語の単語をたくさん知っています。
5. 英会話を勉強しています。
6. 私の英語学習法はCDを聴くことです。

21 英語

パターン B ▶ 英語は苦手です

英語で言ってみよう！

English is a very difficult language for me. There are so many words to remember. And however hard I study I don't make any progress at all.

My pronunciation isn't very good. But that's because there are so many sounds that are different in English. English and Japanese grammar are also very different. So I have a lot of trouble with English grammar.

And to tell you the truth, I don't find studying grammar to be interesting. I don't think I'll ever really master English. Even to come close, it's going to take years and years.

★ 覚えておくと得する表現・語句

make progress「進歩する」
 * I made great progress with my English in one year.「1年で英語がずいぶん上達しました」

to tell you the truth「本当のことを言うと」
find ... to be ～「…が～だとわかる」
master「…を習得する」

日本語で確認！

　英語は私にとって、とても難しい言語です。覚えなければならない単語がとてもたくさんあります。それにどんなに勉強しても、まったく上達しません。

　発音はそんなにうまくありません。でもそれは英語にはあまりにもたくさんの違う音があるからです。英語と日本語の文法もずいぶん違っています。だから英語の文法にはずいぶん悩まされます。

　それに正直言って、文法の勉強はおもしろいとは思えません。英語を習得できる日が来るとは思えません。それに近づくのにさえ、何年もの歳月がかかるでしょう。

😊 使える応用表現！

1. I have no confidence in my English ability.
2. My English is not fluent.
3. My pronunciation is sometimes hard to understand.
4. I'm hesitant to speak in English.
5. I'm scared of making mistakes.
6. I wish I could speak English better.

和訳

1. 自分の英語力に自信がありません。
2. 私の英語はあまり流ちょうではありません。
3. 私の発音はわかりにくいことがときどきあります。
4. 英語でしゃべることにためらいがあります。
5. 間違えることが怖いです。
6. もっと上手に英語がしゃべれたらいいのにと思います。

第3章　趣味や余暇で「自分らしさ」をうまく出そう！

22 パソコン

パターンA ▶ パソコンは好きです

英語で言ってみよう！

Computers are a big part of my life. Of course, I use a computer at work. But I also have three computers at home. One of them I built myself.

I use my computers for a lot of different things. I do netsurfing, and I have a web page. And I am always getting and sending email.

I don't need to read a regular newspaper because I visit all sorts of news sites on the web. And I have some favorite blog spots. I also like trying out freeware I find on the net. Now I'm thinking of getting a new computer I saw recently.

★ 覚えておくと得する表現・語句

netsurfing「ネットサーフィン」
＊サーフィンをするようにインターネットサイトに載っているリンクをたどって閲覧していくこと。

web page「ウェブページ」
＊インターネット上で閲覧できる記事の各ページ。

email「Eメール」
＊electronic mail「電子メール」の略。郵送の手紙は paper mail「（紙の）手紙」、land mail「（地面の上を運ばれる）手紙」、snail mail「（カタツムリのように遅い）手紙」と呼ばれることもあります。

site「（ウェブ）サイト」
＊インターネット上でウェブページがテーマや持ち主ごとにまとめられている"場所"。

blog「ブログ」
＊weblog の略。目に留まったウェブページ（web）に対する各人の感想や個人の日記、リンクなどを張って記録（log）されたサイト。

freeware「フリーソフト」
＊無料で使用できるソフトウェア。「フリーソフト」は和製英語なので注意。

日本語で確認！

　コンピュータは私の生活で重要な部分を占めています。もちろん、仕事でコンピュータを使っています。ですが、自宅にもコンピュータが3台あります。そのうち1台は自分で作りました。

　コンピュータでいろいろなことをします。ネットサーフィンもしますし、ウェブページも持っています。Eメールでのやりとりもしょっちゅうしています。

　普通の新聞は読む必要がありません。なぜなら、ウェブに載っているあらゆる種類のニュースサイトに行くからです。それと、いくつかお気に入りのブログがあります。ネットで見つけたフリーソフトを試すのも好きです。今は、最近見かけた新しいコンピュータを買おうと思っています。

使える応用表現！

1. I usually surf the Internet for two or three hours in the evening.
2. I use a laptop computer when I go on business trips.
3. I want to start a blog spot.
4. I know a lot about computers.
5. I buy and sell stocks through the Internet.
6. I check my email every day.

和訳

1. だいたい夕方2、3時間ネットサーフィンをしています。
2. 出張に行くときにはノート型パソコンを使っています。
3. ブログを始めたいと思っています。
4. コンピュータについていろいろと知っています。
5. インターネットで株の売買をしています。
6. Eメールを毎日チェックしています。

第3章　趣味や余暇で「自分らしさ」をうまく出そう！

22 パソコン

パターン B ▶ コンピュータが好きになれません

英語で言ってみよう！

I can't say I really like computers. Things always seem to go wrong with the software or hardware. And trying to fix the problem is never easy.

Computers aren't cheap, either. Since the technology is always changing, you have to buy new equipment all the time.

They say email is convenient, but I don't like it. It takes me forever to reply to all of it. And since I get so much spam, my inbox is always packed with new mail. I'd like to be able to live without a computer. It would make my life much simpler.

★ 覚えておくと得する表現・語句

go wrong
「(機械などが)正常に動かない」
* Something has gone wrong with my computer again.「私のコンピュータはまた問題が発生したようです」

equipment「装置、備品」
* office equipment「事務所の備品」

spam「スパム」
* 無差別に送られてくる迷惑な広告メール。

inbox「インボックス、受信箱」
* メールソフト上で、受信したメールが一時的に収められる場所。

日本語で確認！

　コンピュータが本当に好きだとは言えません。いつもソフトウェアやハードウェアの調子が悪くなるようです。不具合を直そうとしても絶対に簡単にはいきません。

　それに、コンピュータは安くはありません。技術が絶えず変化していて、しょっちゅう新しい機器を買わなければいけません。

　Eメールは便利だと言われますが、私は好きではありません。来るメール全部に返信するのに長い時間がかかってしまいます。それにスパムメールがたくさん来るので、受信箱がいつも新着のメールでいっぱいになっています。コンピュータなしで生活できるようにしたいです。そうすれば私の生活はずっとシンプルになるでしょう。

使える応用表現！

1. I'm too old to use a computer.
2. A few times I've accidentally erased an important document.
3. My eyes get tired when I have to use a computer for a long time.
4. I can only do simple things on my computer.
5. Computers actually waste a lot of paper.
6. Computers are frustrating.

和訳

1. 年を取っているのでコンピュータは使えません。
2. 何度か重要な文書をうっかり消してしまったことがあります。
3. 長い時間コンピュータを使わなければならないときは目が疲れてしまいます。
4. コンピュータで簡単なことしかできません。
5. コンピュータは実際にはたくさん紙を無駄にしてしまいます。
6. コンピュータにはイライラします。

23 テレビ

パターン A ▶ テレビをよく見ます

英語で言ってみよう！

I'm a TV watcher. I always watch TV in the evening when I come home from work. Sometimes I fall asleep with the TV on. I also watch TV during my lunch hour at work.

My favorite programs are game shows. You can learn some things by watching game shows, and you can see many interesting types of people. There are celebrities, of course. But you also see people from all walks of life. That's why I like game shows.

I like to watch movies, but only once in a while. It takes too much time to watch a movie.

★ 覚えておくと得する表現・語句

with the TV on「テレビをつけたまま」
game show「クイズ番組、ゲーム番組」
 * the news「ニュース」
  programs on NHK「NHK の番組」
  soap operas「メロドラマ」
  stupid dramas「ばかばかしいドラマ」
all walks of life
「あらゆる職業［地位、階層］の人びと」

 * In Japan people from all walks of life are studying English.「日本ではあらゆる職業の人が英語を学んでいます」
That's why ...「それで…なのです」
 * 正式には That's the reason why ... という形です。会話では、先行詞 the reason または why のどちらか一方が省略されます。

日本語で確認！

　私はテレビをよく見ます。仕事から帰ると夜はいつもテレビを見ています。ときどきテレビをつけっぱなしで眠ってしまうこともあります。職場でも昼休みにはテレビを見ています。

　私が好きなのはゲーム番組です。見ていて勉強になりますし、いろいろとおもしろいタイプの人たちを見ることができます。もちろん有名人も出ます。また、あらゆる職業や地位の人びとも見ることができます。だからクイズ番組が好きなのです。

　映画も好きですが、たまにしか見ません。映画は見るのに時間がかかりすぎます。

使える応用表現！

1. I watch about two hours of TV a day.
2. I always have the TV on when I'm home.
3. I get six channels.
4. I subscribe to a movie channel.
5. I can get movies and news in English on my TV.
6. Our family has three TVs—two upstairs and one downstairs.

和訳

1. 1日に2時間くらいテレビを見ます。
2. 家にいるときはいつもテレビをつけっぱなしにしています。
3. うちのテレビは6チャンネル入ります。
4. 映画専門のチャンネルを視聴しています。
5. うちのテレビでは英語で映画とニュースを見ることができます。
6. うちにはテレビが、2階に2台、1階に1台の計3台あります。

23 テレビ

パターン B　くだらないテレビ番組が多いです

英語で言ってみよう！

I like watching TV, but I'm selective. I watch the news and dramas I like, but mostly I don't watch the other programs. Why should I?

There's a lot of garbage on TV, so you're better off if you know when to turn it off. Some people just watch TV to kill time. However, I'd rather read a book than watch some stupid program on TV.

Of course, I like watching movies. Unfortunately, though, there are few movies on TV. So mostly I rent DVDs. Or sometimes I download a movie from the Internet.

★ 覚えておくと得する表現・語句

selective「慎重に選ぶ」
garbage「ごみ」
be better off「よりよい [幸せな、健康な] 状態になる」
kill time「時間をつぶす」
＊ I had an hour to kill, so I watched some TV.「時間を1時間つぶさなければならなかったので、テレビを見ました」
download「…をダウンロードする」
＊ download a file from the Internet.「インターネットからファイルをダウンロードする」

日本語で確認！

　私はテレビを見るのが好きですが、番組を選んで見ます。気に入ったニュースとドラマは見ますが、それ以外はあまり見ません。どうして見なければならないのでしょうか。

　くだらない番組もたくさんあるので、必要ないと思ったら消してしまうべきです。暇つぶしにテレビを見る人もいますが、私はくだらないテレビ番組を見るくらいなら本を読みます。

　もちろん映画を見るのは好きです。残念ながら、テレビでは映画はほとんどやっていません。だから、たいていDVDを借りてきます。あるいは、ときどきインターネットから映画をダウンロードします。

😊 使える応用表現！

1. I think watching TV is a waste of time.
2. The comedy programs are too silly.
3. I dislike quiz shows.
4. These days there's nothing I want to watch on TV.
5. I don't have a TV set at home.
6. I have a small library of DVDs.

和訳

1. テレビを見るのは時間の無駄だと思います。
2. コメディー番組はあまりにもばかげています。
3. クイズ番組は嫌いです。
4. 最近見たいテレビ番組がありません。
5. 家にテレビはありません。
6. 少しですが、DVDを収集しています。

24 スポーツ

パターンA ▶ スポーツは好きです

英語で言ってみよう！

I like sports. I enjoy watching most sports. I particularly like watching baseball, tennis, and sumo. But really any sport is fine. Watching sports at home is a nice way to relax. And sometimes I like going out to see a baseball game or a sumo tournament.

I also like playing sports. I play rugby and ice hockey. I like playing sports because there's nothing halfway about it. Either you win or lose. There are no excuses or compromises.

I can't really say that about the rest of my life. I'm always having to deal with a lot of nonsense. So sports are a release for me.

★ 覚えておくと得する表現・語句

any「どんな…でも」
* 肯定文で使われる any の例です。通常は単数で受けます。

halfway「中途半端な」

excuse「言い訳」
* There's no excuse for what I did.「私がしたことに弁解の余地はありません」

compromise「妥協」
* make a compromise with …「…と妥協する」

日本語で確認！

　私はスポーツが好きです。ほとんどのスポーツを見て楽しみます。特に野球とテニス、相撲を見るのが好きです。でも本当にどんなスポーツでもよいのです。家でスポーツを見るのはリラックスするよい方法です。そしてときには野球や相撲を見に出かけたりするのも好きです。

　また、スポーツをするのも好きです。ラグビーとアイスホッケーをします。私がスポーツ好きなのは中途半端なところがないからです。勝つか負けるかです。言い訳や妥協もありません。

　私の生活のほかのことでは、そんなことを言うことはできません。いつも私はたくさんばかげたことを扱わなければならないのです。だから、私にとってスポーツははけ口です。

使える応用表現！

1. Tennis is my favorite sport to watch.
2. I used to play baseball when I was in college.
3. I have a black belt in judo.
4. I ski and curl in winter.
5. I sometimes play golf for business.
6. Swimming exercises every muscle in your body.

和訳

1. テニスを見るのが大好きです。
2. 大学時代にはよく野球をしたものです。
3. 柔道の黒帯を持っています。
4. 冬は、スキーとカーリングをしています。
5. ときどき仕事でゴルフをします。
6. 水泳は全身の筋肉を使う運動です。

24 スポーツ

パターン B　スポーツは苦手です

英語で言ってみよう！

I have absolutely no interest in sports. One reason is that I'm not very good at sports. But it's not just that. People say that by playing sports, you can develop a sense of teamwork and cooperation. But that's nonsense.

People play sports to win. And even if it's your own team, you still want to prove that you're the best player. In other words, playing sports is about competition, not cooperation.

Playing sports is also a good way to get injured, since a lot of sports are violent. Anyway everybody always overdoes it when they play sports. When I want to work up a good sweat I go to a sauna. I don't need to play sports.

★ 覚えておくと得する表現・語句

absolutely「完全に、まったく」
* You're absolutely right.「まったくあなたの言うとおりです」

a sense of ...「…の感じ、…感」
* a sense of security「安心感」
  a sense of duty「責任感」

That's nonsense.
「それはナンセンスです」
* 相手の意見に対してまったく同意できないときに使う表現の1つです。

そのほかに That's ridiculous.「ばかげている」、No way!「何と言ってもダメ」、You must be joking.「冗談でしょう」、That's out of question.「問題外です」などがあります。

in other words
「言い換えれば、つまり」

get injured「けがをする」

overdo「…をやりすぎる」

work up「汗をかく、食欲を出す」

日本語で確認！

　スポーツにはまったく興味がありません。その理由の1つは、私はスポーツがそれほど得意ではないからです。でも、それだけではありません。スポーツをすることでチームワークや協調性を養うことができる、と人は言います。けれどもそれはナンセンスです。

　人は勝つためにスポーツをするのです。たとえ自分の所属するチームでも、それでも自分が最高のプレーヤーだと証明したくなるものです。とどのつまり、スポーツをすることは競争することで、協力し合うことではありません。

　また、スポーツにはけががつきものです。なぜなら、スポーツの多くは乱暴なものですから。とにかく、スポーツをするときはどんな人でも、常に度を越してしまいます。いい汗をかきたいときには、私はサウナに行きます。スポーツをする必要はありません。

使える応用表現！

1. I don't have time to play sports.
2. I don't like competitive sports.
3. Playing sports is rather expensive in Japan.
4. I got injured while playing soccer as a high school student.
5. I haven't played any sports seriously since my childhood.
6. I don't have any friends to play sports with.

和訳

1. 私にはスポーツをする時間がありません。
2. 競い合うようなスポーツは好きではありません。
3. 日本ではスポーツをするのにけっこうお金がかかります。
4. 高校生のときサッカーをしてけがをしました。
5. 子どものころから真剣にスポーツをしたことがありません。
6. スポーツを一緒にする友だちがいません。

こんな質問がきたら、自分を伝えるチャンス！

◎ 旅行

Do you often go traveling?
（よく旅行に行きますか）

Have you been to any foreign countries?
（外国へ行ったことがありますか）

◎ 音楽

What kind of music do you like?
（どんな音楽が好きですか）

Do you play any musical instruments?
（何か楽器を弾きますか）

◎ 映画

What kind of movies do you like?
（どんな映画が好きですか）

Who's your favorite actor?
（一番好きな俳優はだれですか）

◎ 読書

What kind of books do you like to read?
（どんな種類の本を読むのが好きですか）

Have you read any interesting books recently?
（最近何かおもしろい本を読みましたか）

◎ 英語

Can you speak English?
（英語を話すことができますか）

How do you study English?
（どのように英語を勉強していますか）

◎ パソコン

Do you have a computer?
（コンピュータを持っていますか）

What do you use your computer for?
（コンピュータを何のために使っていますか）

◎ テレビ

Do you watch a lot of TV?
（テレビをたくさん見ますか）

What kind of TV programs do you usually watch?
（ふだん、どんなテレビ番組を見ますか）

◎ スポーツ

What's your favorite sport?
（好きなスポーツは何ですか）

What sports do you like to watch?
（何のスポーツを見るのが好きですか）

第4章

会社・仕事の話題をふくらまそう！

- ㉕ 会　　社
- ㉖ 仕　　事
- ㉗ 通　　勤
- ㉘ 給　　料
- ㉙ 上　　司
- ㉚ 同　　僚
- ㉛ 転　　勤
- ㉜ 退　　職

25 会社

パターン A ▶ 大きな会社に勤めています

英語で言ってみよう！

I work for ABC Computers. It has branches in most big cities in Japan. You may have heard of it.

My company started doing business about 20 years ago. At first it was a small company, but gradually it grew. Now it's one of the top computer companies in Japan. We make a variety of computer-related products. We aren't very involved in the software field, though. We concentrate on hardware.

I think my company will continue to do well in the future. It's using very advanced technology. I think I have a good job with a good company.

★ 覚えておくと得する表現・語句

branch「支店」
* an overseas branch「海外支店」

computer-related「コンピュータ関連の」
* Our business is related to oil production.「私どもの仕事は石油生産に関連しています」

be involved in ...「…に関係している」

concentrate on ...「…に集中する」
* We've concentrated our money on hardware.「わが社はハードウェアに資金を注いでいます」

日本語で確認！

　私はABCコンピュータ社で働いています。この会社は日本のほとんどの大都市に支店があります。おそらく耳にされたこともあるでしょう。

　わが社は20年くらい前に創業しました。最初は小さな会社でしたが、だんだん成長しました。今では日本でもトップクラスのコンピュータ会社の1つです。私たちはさまざまなコンピュータ関連の製品を作っています。でも、ソフトウェア分野にはそれほど関わってはいません。ハードウェアに集中しています。

　わが社は将来も引き続きうまくやっていくだろうと思います。非常に進歩した技術を使っています。私はいい会社でいい仕事に就いていると思います。

使える応用表現！

1. My company employs 1,000 people.
2. My company makes computer chips.
3. The stock of my company is 2,500 yen a share.
4. We export electronic equipment.
5. My company is outsourcing jobs.
6. My company is well-known in Japan.

和訳

1. わが社には1,000人の従業員がいます。
2. わが社はコンピュータチップを製造しています。
3. わが社の株価は1株2,500円です。
4. わが社は電子機器を輸出しています。
5. わが社は仕事を外部委託しています。
6. わが社は日本ではよく知られています。

第4章　会社・仕事の話題をふくらまそう！

25 会社

パターン B ▶ 小さな会社に勤めています

英語で言ってみよう！

I'm working for a company which imports wood stoves from America. We have only nine employees including me. We have an office in a small town in Hokkaido.

Our company was founded in 1976. The president realized that there was a market in Japan for wood stoves made in America. American-made wood stoves are cheaper. There is also a great range of different designs. We offer wood stoves made by about ten different American companies.

We have about a million dollars in sales every year. And we have customers from every part of Japan. Our company has ended up being very successful.

★ 覚えておくと得する表現・語句

be founded「創立された」
* Our company was established thirty years ago.「わが社は30年前に設立されました」

a range of ...「…の品ぞろえ」
* a wide range of products「いろいろな種類の商品」

in sales「売り上げで」
* an increase in sales「売り上げの増加」

end up ...ing「…で終わる」

日本語で確認！

　私はアメリカから薪ストーブを輸入する会社で働いています。私を含めて9人しか従業員がいません。北海道の小さな町に事務所を構えています。

　わが社は1976年に設立されました。社長はアメリカ製の薪ストーブが日本で需要があると気づいたのです。アメリカ製の薪ストーブのほうが価格が安いのです。それに実にさまざまなデザインがあります。わが社は、およそ10社のアメリカの会社で作られた薪ストーブを扱っています。

　毎年の売り上げはおよそ100万ドルです。それに、取引先は日本の各地にあります。わが社は大きな成功を収めています。

使える応用表現！

1. I'm self-employed.
2. I own my own company.
3. My company employs 30 people.
4. We're a small company.
5. My company does business only in the Tohoku area.
6. My company is not growing at all.

和訳

1. 自営業です。
2. 私は自分の会社を所有しています。
3. わが社には30人の従業員がいます。
4. わが社は小規模です。
5. わが社は東北地方だけで事業をしています。
6. わが社はまったく成長していません。

第4章　会社・仕事の話題をふくらまそう！

26 仕事

パターン A ▶ 仕事は好きです

CD 51

英語で言ってみよう！

There are many reasons why I like my job. The first is that I get along well with my co-workers, and with my boss. They're all good people.

The second is that I can meet many new people through my job. I also get to travel to many different places. This is because I'm a salesperson. The third reason is I think my company makes really nice products. So I feel very comfortable in my role as a salesperson. If I didn't believe in the products I was selling, I wouldn't feel happy being a salesperson.

Finally, they pay me pretty well and I get good benefits. So I have nothing to complain about.

★ 覚えておくと得する表現・語句

the first「最初は」
* firstly、in the first place などの副詞（句）を使う形もあります。

get to ...
「…するようになる、機会に恵まれる」
* 日常会話以外ではあまり使われない形です。

comfortable
「気持ちが落ち着いた、快適な」

believe in ...
「…に信頼を置く、…を信用する」

benefits「手当」
* unemployment benefits「失業手当」

日本語で確認！

　自分の仕事が気に入っている理由はたくさんあります。まず、同僚や上司とうまくいっています。みんないい人たちです。

　２番目に、仕事を通じてたくさんの新しい人と会うことができます。それに、あちこちいろいろな場所に行けます。それは私が営業職だからです。３番目に、わが社は本当によい製品を作っていると思います。だから、自分の営業職としての役割には満足しています。もし自分が売っている製品を信用していなければ、喜んで営業の仕事をすることはできないでしょう。

　最後に、会社はかなりよい給料を支払ってくれて、よい手当も受けています。だから何も不満はありません。

使える応用表現！

1. I'm satisfied with my job.
2. My job is rewarding.
3. I have to work a lot of overtime.
4. I've been in my present position for three years.
5. My job keeps me very busy.
6. I work eight hours a day.

和訳

1. 自分の仕事に満足しています。
2. 私の仕事はやりがいがあります。
3. 残業をたくさんしなければなりません。
4. ３年間現在の立場にいます。
5. 仕事のせいでとても忙しいです。
6. １日８時間働いています。

26 仕事

パターン B ▶ 仕事はお金のためです

英語で言ってみよう！

My job isn't interesting. I have to do a lot of boring paperwork all day long. I have to keep drinking coffee just to stay awake.

The only reason I have this job is because I can't find a better one. These days it's difficult to find a good job. Basically I'm working at my present job because I need the money. I have lots of bills to pay. And I have a big loan on my new house.

Of course, someday I'd like to quit my job. I don't know how soon that will be, though. I'll just have to hang in there for the time being.

★ 覚えておくと得する表現・語句

stay awake「起きたままでいる」
 * stay healthy「健康でいる」
   stay the same「同じままでいる」
bill「請求書」
 * an electric bill「電気代」
hang in there「がんばる」

 * Hang in there.「がんばれ」のように単独でも使えます。
for the time being「しばらくの間は」
 * We'll watch the market calmly for the time being.「しばらくは市場を静観しようと思います」

日本語で確認！

　私の仕事はおもしろくありません。退屈な書類仕事を一日中しています。居眠りしないようにコーヒーを飲み続けなければなりません。

　この仕事に就いているただ１つの理由は、ほかによい仕事が見つからないからです。最近はよい仕事を見つけるのが難しいです。基本的に、現在の仕事に就いているのはお金が必要だからです。支払わなければならない請求書がたくさんあります。それに、新しい家のローンがたくさん残っています。

　もちろん、いつかはこの仕事を辞めたいと思っています。けれどもそれがいつになるかはわかりません。しばらくはここでがんばらなければならないでしょう。

使える応用表現！

1. My job is stressful.
2. I want to find a better job.
3. I hope I can get a promotion.
4. I work part-time.
5. I don't have a steady job.
6. My position is temporary.

和訳

1. 私の仕事はストレスがたまります。
2. もっとよい仕事を見つけたいです。
3. 昇進できることを望んでいます。
4. パートタイムで働いています。
5. 安定した職を持っていません。
6. 私の仕事は一時的なものです。

第4章　会社・仕事の話題をふくらまそう！

27 通勤

パターン A ▶ 毎日、電車で通勤しています

英語で言ってみよう！

I commute by train every day. It takes almost an hour and a half to go from my home to my office. The train is always crowded in the morning. Sometimes I can't find a seat.

In the evening I catch the 7:30 train. There aren't so many people on the train. I usually read the paper on the train. And if I'm sleepy I take a nap. Some people can't sleep if they're sitting, but I have no problem.

I usually get only five or six hours of sleep a night. If I can sleep for an extra hour on the train, I feel less tired the next day.

★ 覚えておくと得する表現・語句

commute「通勤する」
* commuter「通勤者」
  commuter belt「ベッドタウン地帯」
  commuter pass「定期券」

an hour and a half「1時間半」
* half an hour「30分」

one to two hours「1、2時間」

take a nap「昼寝する、うたた寝する」
* have a nap とも言います。

an extra hour「もう1時間」
* another hour も同じ意味です。

日本語で確認！

　私は毎日電車で通勤しています。家から会社まで約１時間半かかります。毎朝電車は込んでいます。ときどき座れないこともあります。

　夜は７時半の電車に乗ります。電車にはそれほど人が乗っていません。電車の中ではたいてい新聞を読んでいます。眠いときは居眠りをしたりします。座りながら眠れないという人もいるようですが、私は平気です。

　睡眠時間はだいたい５、６時間しかとれません。電車の中で１時間でも余計に眠れたら、次の日はいくぶん疲れないですみます。

使える応用表現！

1. I usually catch the 7 o'clock bus to the city.
2. It's a five-minute walk from my office to the station.
3. I prefer the train to the bus.
4. The train is always empty.
5. My company pays most of my commuting expenses.
6. I always listen to music while I'm commuting.

和訳

1. たいてい７時発のバスに乗って都心に向かいます。
2. 私の会社から駅までは歩いて５分です。
3. バスよりも電車のほうが好きです。
4. 電車はいつもがらがらです。
5. 私の会社は交通費をほとんど負担してくれます。
6. 通勤途中はいつも音楽を聴いています。

27 通勤

パターン B ▶ 通勤は苦痛です

英語で言ってみよう！

I hate commuting. It's an incredible waste of time. I spend three hours on the train; that means one-eighth of my life is spent commuting. The train is always packed so I can never find a seat. I have to stand the whole way. So when I finally get to my station I'm exhausted.

In the summer it's also terribly hot on the train. It's disgusting. All our sweaty, smelly bodies are packed together like sardines on the train.

If the traffic wasn't so bad, I'd drive. But as it is, driving would take an extra hour. Parking would also be a problem. So I'm resigned to taking the train.

★ 覚えておくと得する表現・語句

incredible「信じられないほどの」
* I met an incredible person at a party last night.「昨夜のパーティーですばらしい人に会いました」

disgusting「嫌な、ひどい」
* a disgusting smell「ムカムカするにおい」

packed like sardines
「すし詰めになって」
* sardine は「イワシ」。イワシが缶詰にびっしり詰まっている様子からきた比喩。

be resigned to ...
「…をあきらめる、甘受する」

日本語で確認！

　私は通勤が嫌いです。とんでもない時間の無駄です。私は1日3時間電車の中で過ごすのですから、人生の8分の1を通勤に費やしていることになるわけです。電車はいつもぎゅうぎゅう詰めで、座ることなどまったくできません。ずっと立ちっぱなしです。ですから、やっと駅に着いたときには、くたくたになっているのです。

　しかも夏などは電車の中はひどい暑さです。本当にうんざりします。汗まみれでくさい体が電車の中に詰め込まれているのです。

　もし、道路がそれほど込んでいないのなら、車を運転していくのですが。今の状態では、1時間も余計にかかってしまいます。そのうえ、駐車場の問題もあります。だから仕方なく電車に乗っているわけです。

使える応用表現！

1. I can't stand commuting.
2. The train is always jammed.
3. I often can't get a seat.
4. Commuting makes me really tired.
5. I have to leave my house at six to avoid the traffic jams.
6. I'm hoping my company will open a satellite office in the suburbs.

和訳

1. 通勤には我慢できません。
2. 電車はいつも込んでいます。
3. 座れないこともよくあります。
4. 通勤で私は本当に疲れてしまいます。
5. 交通渋滞を避けるために、家を6時に出なければなりません。
6. 会社が郊外に支店を出してくれることを願っています。

第4章　会社・仕事の話題をふくらまそう！

28 給料

パターンA いい給料をもらっています

英語で言ってみよう！

I receive a rather generous salary. It's enough for me to live quite comfortably on. Still though, it's difficult for me to save money.

As they say, one's expenses rise to meet one's income. I make more now than I did five years ago, but I also spend more—the new car and house, the trips overseas, the expensive restaurants ….

But I think I've been doing a very good job at work, so maybe I'll be given a nice fat bonus this winter. I've been thinking of buying another car.

★ 覚えておくと得する表現・語句

generous「たくさんの、豊富な」
* The company decided to make a generous contribution to the project.「会社はそのプロジェクトに多額の寄付をすることを決定しました」

live on「(給料などで) 暮らしていく」
* It was difficult to live on such a small salary.「そんな少ない給料で暮らしていくのは難しかった」

still「それにもかかわらず、なおかつ」
* 文頭、文中のいずれにも用い、話し言葉も含めて形式張らない状況で使います。

fat「多額の」
* a fat profit「たっぷりの利益」

日本語で確認！

　私はかなりいい給料をもらっています。けっこう快適な生活ができるだけの額です。でも貯金するのは大変です。

　よく言われるように、収入に合わせて支出も増えるものなのです。5年前よりもたくさん稼いでいますが、新しい車や家、海外旅行、高級レストランなど、出ていくものも多くなっています。

　でも、職場ではよくがんばっているので、たぶんこの冬はボーナスがたっぷり出ると思います。車をもう1台買おうかと考えています。

使える応用表現！

1. I earn four million yen a year.
2. I'll receive a 5% raise next April.
3. The company gives two bonuses a year to every employee.
4. I can't complain about my salary.
5. I try to save 10% of my salary every month.
6. I support my family on my salary.

和訳

1. 私の年収は400万円です。
2. 来年の4月に5％の昇給があるでしょう。
3. すべての従業員に年2回ボーナスが支給されます。
4. 給料に対しては文句は言えません。
5. 毎月給料の10％を貯金するようにしています。
6. 自分の給料で家族を支えています。

28 給料

パターン B ▶ 給料が少なすぎます

英語で言ってみよう！

I'm new at my company. I've been working there for just half a year. Even though I have to work very hard, they pay me very little.

The older employees get paid a lot more than me, maybe two or three times as much. That's because they have seniority. But they don't seem to have to work very hard. They go to meetings a lot, and talk on the phone.

I, though, have to do all this paperwork every day and a lot of other stuff. People like me are the ones that keep our company going day by day. But we get paid almost nothing. So I'm really dissatisfied with my salary.

★ 覚えておくと得する表現・語句

seniority「先輩、年功」
＊the seniority system「年功序列制度」
stuff「物事」
＊イメージとして、この場合は「くだらないこと」という意味。
keep ... going
「…を存続させる、持ちこたえさせる」
be dissatisfied with ...「…に不満な」

日本語で確認！

　私は会社では新人です。ほんの半年しか働いていません。懸命に働かなければならないのに、ほんの少ししか給料をもらえません。

　年上の従業員は、私よりもずっとたくさんもらっています。おそらく2倍から3倍くらいでしょうか。それは彼らが先輩だからです。でも、彼らはそんなに働く必要がないように見えます。会議ばかりして、電話で話をしています。

　一方、私は毎日、書類仕事やほかにもいろんなことをしなければなりません。私のような人びとが会社を日々支えているのです。それなのに私たちは何ももらっていないも同然です。だから給料にはまったく満足していません。

使える応用表現！

1. It's hard to get by on my pay.
2. I'm going to ask for a raise.
3. I have to use half of my salary for my housing loan.
4. Everyone had to take a 3% cut in their salaries.
5. I work twice as much now with the same salary.
6. The boss shouldn't receive such a big salary.

和訳

1. 私の給料ではやりくりが大変です。
2. 昇給をお願いするつもりです。
3. 給料の半分を家のローンに使わなければなりません。
4. 全員が3％の減俸を受け入れなければなりませんでした。
5. 同じ給料で今は2倍働いています。
6. 社長はそんなに多額の給料をもらうべきではありません。

第4章　会社・仕事の話題をふくらまそう！

29 上司

パターン A ► いい上司に恵まれています

英語で言ってみよう！

I have a nice boss. He never gets angry at the employees. Even if we make mistakes or are slow in finishing our work, he doesn't complain. He knows that we're all trying our best.

Sometimes he asks us to work overtime. But at least he's nice about it. He doesn't make it sound like he's ordering us around. And usually he gets a *ramen* place to deliver dinner for us. So I don't mind working overtime so much.

I guess I'm lucky to have a good boss. A lot of people don't. It makes work a lot easier if you don't have to worry about the boss.

★ 覚えておくと得する表現・語句

boss「上司、社長」
＊社長のような雇い主のほか、一般に監督、主任など自分の上司を指します。女性に対しても使えます。

order a person around
「（あれこれ命令して）人をこき使う」

get「…させる、してもらう」
＊〈get ＋名詞＋ to do〉の形になります。
I'll get my wife to give you a ride.
「妻にあなたを車で送らせましょう」

deliver「…を配達する」

日本語で確認！

　私の上司はとてもいい人です。社員を怒ったことなど一度もありません。失敗をしたり、仕事を終わらせるのが遅かったりしても、文句を言ったりしません。私たちがみんなベストを尽くしているのをわかってくれているのです。

　ときには残業を頼まれることもあります。でも少なくとも彼の場合は感じがいいのです。命令口調で言ったりはしません。それにたいていは、ラーメン屋さんから出前などを取ってくれるのです。ですから、私はそれほど残業が嫌ではありません。

　いい上司を持って幸せだと思います。そうでない人が多いですから。上司のことをあれこれ気にしないですめば、仕事もずっとやりやすくなるものです。

使える応用表現！

1. I work under the sales manager.
2. I respect my boss.
3. I get along with my immediate supervisor.
4. I'm loyal to my boss.
5. The president of my company is dynamic.
6. The boss is always treating us to dinner.

和訳

1. 営業部長の下で働いています。
2. 上司を尊敬しています。
3. 直属の上司とうまくいっています。
4. 上司に忠実です。
5. わが社の社長は精力的な人です。
6. 上司はいつも夕食をごちそうしてくれます。

第4章　会社・仕事の話題をふくらまそう！

29 上司

パターン B ▶ ひどい上司で困っています

英語で言ってみよう！

I have a terrible boss. He makes me work every day, even Sundays, for long hours. I never get a vacation. Even if I have a bad cold, I can't take the day off.

If I make the smallest mistake, he gets angry at me. He never yells, but even if he talks in the quietest voice, I can feel his anger. Sometimes I think of quitting. I'd be much happier.

But I have a family to support and finding a new job would be difficult. I guess I'll just have to make the best of things. I don't really have any other choice.

★ 覚えておくと得する表現・語句

terrible「ひどい」
* strict「厳しい」
  mean「いじわるな」

yell「叫ぶ」
* I sometimes get furious with my employees and yell at them.「カッとなってときどき社員を怒鳴りつけたりしています」

make the best of ...
「(悪条件、不十分なもの) をできるだけうまく利用する、最大限に利用する」
* My marriage isn't perfect, but I'm trying to make the best of it.「私の結婚は完璧ではありませんが、私はできるだけのことはしています」

日本語で確認！

　私の上司はひどい人です。毎日、日曜日にさえも長時間働かされます。休暇を取ったことなどありません。たとえひどい風邪をひいても休みを取ることができないのです。

　ほんのささいな失敗をしても私を怒ります。大声で怒鳴るわけではないのですが、どんな小さな声で話していても彼の怒っているのがわかります。ときどき辞めてしまおうかと思うこともあります。そのほうがずっと幸せだと思います。

　でも私には養っていかなければならない家族がいますし、新しい仕事を見つけるのも大変です。できるだけのことをやるしかないようです。ほかに選択の余地はありません。

使える応用表現！

1. I'm afraid of the boss.
2. The boss hates me.
3. My boss is always asking me to work overtime.
4. The boss is always complaining that we don't work hard enough.
5. I deal with the boss as little as possible.
6. My boss isn't perfect; he makes mistakes, too.

和訳

1. 上司を恐れています。
2. 上司は私を嫌っています。
3. 上司は私に残業するよういつも言います。
4. 上司は私たちの働きが足りないといつも文句を言っています。
5. 上司となるべく関わらないようにしています。
6. 上司だって完璧な人間ではないので、失敗もします。

30 同僚

パターン A ▶ 同僚とはうまくやっています

英語で言ってみよう！

I get along well with my co-workers. They're all nice people to work with. We all work hard, but we like to joke around, too. It helps us to get rid of stress.

We sometimes go out after work for something to eat. And sometimes we also go out drinking. We have a lot of fun.

It's nice to be friends with your co-workers. It makes your working hours a lot more enjoyable. I'm lucky I have such good co-workers.

★ 覚えておくと得する表現・語句

joke around「ふざける」
* You must be joking.「まさか」

get rid of ...「…を取り除く」
* I finally got rid of my cold.「風邪がやっと治りました」

working hours「勤務時間」
* office hours も同じ意味です。

a lot「ずっと」
* 比較級を強める副詞としても使います。much、far なども同じように使います。

日本語で確認！

　同僚とはうまくやっています。みんな一緒に働くのにいい人たちです。みんなよく働きますが、冗談を言い合ったりするのも好きです。ストレスを解消するのに役立ちますから。

　ときどきみんなで仕事帰りに何か食べに出かけます。飲みに出かけることもあります。大いに楽しんでいます。

　同僚が友人であることはいいことです。仕事をしている時間がより楽しいものになります。私はいい同僚を持って幸運です。

😊 使える応用表現！

1. There are about twenty people in my office.
2. I often do things with my co-workers after work.
3. I often talk with my co-workers.
4. I usually go out to lunch with some of my co-workers.
5. My co-workers have helped me out a lot.
6. I have many friends from work.

和訳

1. 職場には20人くらいの人がいます。
2. よく仕事帰りに同僚といろいろなことをします。
3. 同僚とよく話をします。
4. たいてい同僚と何人かで昼食に行きます。
5. 同僚はいろいろと私の手助けをしてくれています。
6. 仕事で知り合ったたくさんの友人がいます。

30 同僚

パターン B ▶ 嫌な同僚もいます

英語で言ってみよう！

Some of the people I work with are OK. But others I don't like at all. First, I dislike the type who always agrees with anything the boss says. And if any of us makes a mistake, they report it to the boss. They'll do anything to please the boss.

Second there's the type that can't do their jobs properly. I end up always having to help them, to do their work for them. It's a mystery to me why they were ever hired.

Then there's the type who is always spreading rumors. They can be about company stuff, or people's personal lives. I get sick of listening to it.

★ 覚えておくと得する表現・語句

agree with ...
「…と意見が一致する、…に賛成の意を表す」
* I agree with you about that.「それについてはあなたに賛成です」

please「…を喜ばせる」
* My boss is hard to please.「上司を喜ばせるのは難しい」

properly「適切に、きちんと」
* I don't know how to use the new computer properly.「その新しいコンピュータの適切な使い方を知りません」

mystery「不可解、不思議」

rumor「うわさ」
* There's a rumor that our boss is leaving the company.「上司が会社を辞めるといううわさがあります」

get sick of ...「…にうんざりする」

日本語で確認！

　一緒に働いている人の中には、まあ許せる人もいます。でもほかの人はまったく好きではありません。まず、上司の言うことになら何でも常に賛成するタイプは嫌いです。もし我々のだれかがミスをしたら、彼らはそれを上司に報告してしまいます。彼らは上司を喜ばせることなら何でもするでしょう。

　次に、自分の仕事をちゃんとできないタイプがいます。そんな人が自分の仕事を終わらせるために、こちらがしょっちゅう手伝ってやるはめになってしまいます。なぜあんな人たちが雇われたのか不可解です。

　それから、しょっちゅううわさをばらまいているタイプがいます。会社のこととか、人の私生活に関わることです。こういうのを聞くのはうんざりです。

使える応用表現！

1. I don't feel close to my co-workers.
2. My co-workers are just the people I work with.
3. The people I work with are strange.
4. I have little in common with my co-workers.
5. I prefer working alone.
6. I keep my social and work lives separate.

和訳

1. 同僚には親しみを感じません。
2. 同僚はただ私とともに働いている人びとにすぎません。
3. 一緒に働いている人は変わっています。
4. 同僚とはほとんど共通点がありません。
5. 一人で働くほうが好きです。
6. 社交生活と仕事は分けています。

31 転勤

パターンA ▶ 転勤は多いのですが、楽しみです

英語で言ってみよう！

I've already been transferred three times. And soon I'll be transferred again. But I don't mind. One reason is that I can learn a lot about the work of our company.

Another reason is that I like living in different places. I can experience new things. And I can meet many new people.

Of course, sometimes I have to live separated from my family. But as they say, absence makes the heart grow fonder. For my next transfer I'm going to Hong Kong. I'm excited about this.

★ 覚えておくと得する表現・語句

transfer「…を転勤させる」
* I was transferred from Tokyo to Sapporo in 1998.「1998年に東京から札幌に転勤になりました」

separated「別々に暮らして」
* separately も同じ意味で使うことができます。

as they say「人びとが言うように」

absence makes the heart grow fonder「離れていることが情をいっそう深める」
* 「遠ざかるほど思いが募る」という意味のことわざです。

日本語で確認！

　私はすでに3回転勤しました。まもなく、また転勤になります。でも、私は気にしていません。理由の1つは、自分の会社の仕事についてたくさん学ぶことができるからです。

　ほかの理由は、私はいろいろな場所に住むのが好きだからです。新しいことを経験できます。それから新しい人たちにもたくさん会うことができます。

　もちろん、ときには家族と離ればなれで住まなければなりません。でも、よく言われるように「遠ざかるほど思いは募る」です。次の転勤では、香港に行くことになっています。とてもワクワクしています。

使える応用表現！

1. I'll be transferred to Osaka in May.
2. Many employees at my company are transferred on a regular basis.
3. My children can't change schools, so they can't go with me.
4. I want to be transferred overseas.
5. I've applied for a transfer.
6. Transfers are an opportunity to get a promotion.

和訳

1. 5月に大阪に転勤になります。
2. わが社の多くの社員は定期的に転勤があります。
3. 子どもたちは学校を変わることができないので、私と一緒には行けません。
4. 海外に転勤したいです。
5. 転勤を申し出ました。
6. 転勤は昇進する機会です。

31 転勤

パターン B ▶ 転勤は嫌いですが、仕方がありません

英語で言ってみよう！

I don't like to be transferred. Moving to a new place is troublesome and expensive. And they don't give you enough time to get settled in.

Your job duties change, too. You have to learn everything from the beginning again. Making new friends isn't easy either.

If I could refuse a transfer, I would. But you can't, you know. So all I can do is just try to put up with things. There isn't any other way.

★ 覚えておくと得する表現・語句

troublesome「面倒な、厄介な」
settle in ...
「(新しい環境など)に慣れる、落ち着く」
duty「職務」
* the duties of a secretary「秘書の職務」

put up with ...「…を我慢する」
* I have to put up with the transfer whether I like it or not.「転勤が好きであろうとなかろうと、我慢しなければなりません」

日本語で確認！

　転勤は好きではありません。新しい場所に引っ越すのは厄介で高くつきます。それに、会社は落ち着く時間を十分与えてくれません。

　仕事の内容も変わります。すべてを最初から学び直さなければなりません。新しく友だちを作るのも楽ではありません。

　転勤を拒めるのなら、そうしています。でも、できるわけがありません。だから私ができることと言えば、ただ我慢するだけです。ほかの方法はありません。

使える応用表現！

1. Transfers are compulsory.
2. I have to leave my family behind.
3. I have to live in the company housing.
4. It's difficult to get used to things.
5. My transfer destroyed my family life.
6. I'll quit the company if they try to transfer me.

和訳

1. 転勤は強制的なものです。
2. 家族を置いていかなければなりません。
3. 社宅に住まなければなりません。
4. 物事に慣れるのは難しいです。
5. 転勤で私の家庭生活が壊れました。
6. 私を転勤させようとするなら、私は会社を辞めるでしょう。

第4章　会社・仕事の話題をふくらまそう！

32 退職

パターン A ▶ そろそろ退職後のことを考えています

英語で言ってみよう！

I just turned 55. So I've started thinking about my retirement. I've enjoyed working at my job. But I haven't had much free time. So I'm looking forward to retiring.

I like to fish and play different kinds of sports. I'll have a lot more time for this after I retire. And I want to travel, too. I want to go to lots of different places.

My house is paid off. My children are finished with college and working. So I don't think I'll have money problems. I wonder when my children will get married, though. I'd like some grandchildren.

★ 覚えておくと得する表現・語句

turn「…に達する」
retirement「退職」
 * mandatory retirement「定年退職」
   early retirement「早期退職」
look forward to ...「…を楽しみにする」

* to の後には、名詞か動名詞がきます。
pay off ...「(借金など) を完済する」
* I finally paid off the loan for my house last year.「昨年、ついに住宅ローンの返済が終わりました」

日本語で確認！

　私はちょうど55歳になりました。そこで、退職について考え始めました。仕事は楽しんできました。でも、自由な時間はそれほどありませんでした。ですから退職するのを楽しみにしています。

　私は釣りをしたり、いろいろなスポーツをしたりするのが好きです。退職すると、こういったことをする時間がたくさんあるでしょう。それと旅行もしたいです。いろいろな場所に行きたいです。

　私の家は支払いが終わっています。子どもたちは大学を出て、働いています。だからお金の問題はないと思います。子どもたちはいつ結婚するのだろうとは思ってはいますが。孫が欲しいのです。

使える応用表現！

1. I plan on retiring before I'm 65.
2. The mandatory retirement age is 65.
3. After I retire, I can play with my grandchildren.
4. I can live comfortably on my pension.
5. I was offered an early retirement option.
6. I want to live in a foreign country after I retire.

和訳

1. 65歳になる前に退職しようと考えています。
2. 定年は65歳です。
3. 退職したら孫と遊ぶことができます。
4. 年金で快適に暮らすことができます。
5. 早期退職の選択を与えられました。
6. 退職したら、外国に住みたいです。

32 退職

パターン B 退職後の生活が不安です

英語で言ってみよう！

My retirement is still a long way off. But I worry about it. I have to pay a lot of money now for my pension. But the whole pension system may go broke before I retire.

The number of old people is increasing while the number of young people is decreasing. So in the future where is the money for pensions going to come from?

If I'm healthy, I can probably survive somehow. But what if I get really sick? How will I pay the hospital bills? So far I haven't been able to save any money for my retirement. And this worries me, too.

★ 覚えておくと得する表現・語句

a long way off「まだまだ先に」
* My house is a long way from completion.
 「わが家は完成にはほど遠い」

pension「年金」
* a retirement pension「老齢年金」

go broke「破産する」

somehow「なんとかして」
* We make our living somehow.
 「私たちはなんとか生計を立てています」

日本語で確認！

　退職まではまだかなりあります。でも、私は心配しています。今、年金に多額のお金を払わなければなりません。でも、私が退職する前に年金システム自体が崩壊するかもしれません。

　年を取った人の数は増え続けている一方で、若い人の数は減っています。だから将来、年金のお金はどこからくるのでしょうか。

　もし健康ならおそらくなんとかやっていくことができるでしょう。でもひどい病気になったらどうすればよいのでしょう？　診療費をどうやって払えばいいのでしょうか。今までのところは、自分の退職のためのお金を貯めることはできていません。このことでも頭が痛いのです。

使える応用表現！

1. After I retire I'll need to work part-time.
2. I'll keep working after I retire.
3. I hope my children will support me.
4. I can't survive on my pension.
5. I don't trust the pension system.
6. I try not to think of my retirement.

和訳

1. 退職してもパートタイムで働く必要があります。
2. 退職した後でも働き続けます。
3. 子どもが私を養ってくれることを望んでいます。
4. 年金では暮らしていけません。
5. 年金制度は信用していません。
6. 退職のことは考えないようにしています。

こんな質問がきたら、自分を伝えるチャンス！

◎ 会社

What company do you work for?
（何という会社に勤めていますか）

How large is your company?
（会社はどれくらいの大きさですか）

◎ 仕事

What kind of work do you do?
（どんな仕事をしていますか）

Do you enjoy your job?
（仕事は楽しいですか）

◎ 通勤

How do you get to work?
（どうやって職場に行きますか）

How long does it take you to get to work?
（職場に行くのにどれくらいかかりますか）

◎ 給料

Do you get a good salary?
（いい給料をもらっていますか）

Are you satisfied with your salary?
（給料に満足していますか）

◎ 上司

What's your boss like?
（上司はどんな人ですか）

Do you get along with your boss?
（上司とはうまくいっていますか）

◎ 同僚

Are your co-workers nice people?
（同僚はいい人たちですか）

Do you sometimes go drinking with your co-workers?
（同僚とときどき飲みに行きますか）

◎ 転勤

How common are transfers?
（転勤はどれくらいよくありますか）

Do you dislike being transferred?
（転勤するのは、嫌ですか）

◎ 退職

When will you retire?
（いつ退職しますか）

What do you want to do after you retire?
（退職後は何をしたいですか）

第5章

社会・人間に関して、自分の意見を伝えよう!

33 自然
34 環境
35 教育
36 科学
37 政治
38 経済
39 恋愛
40 平和

33 自然

パターン A ▶ 美しい自然が大好きです

CD 65

英語で言ってみよう！

I like going to the countryside. The nature in the countryside is very beautiful. There are mountains, valleys, forests and streams. In the valleys are small farms. I often think it would be nice to live on a farm.

Sometimes I go hiking in the mountains. It's a nice feeling to be in a mountain forest. The air is clean and it's very peaceful.

If I hike to the top of a mountain, I can get a good view of the surroundings. I'm always surprised at how far I can see. The world is so big and I'm so small. But this is a nice feeling.

★ 覚えておくと得する表現・語句

countryside「田舎」
* live in the countryside「田舎で暮らす」

small farms「小さな農場」
* In the valleys are small farms. は Small farms are in the valleys. です。In the valleys を強調するために文頭に出ています。一般的に副詞句が文頭に出ると、主語と（助）動詞の位置が逆になります。

go hiking in the mountains「山にハイキングに行く」
* go camping in the woods「森へキャンプに行く」

surroundings「周囲」

日本語で確認！

　私は田舎に行くのが好きです。田舎の自然はとても美しいものです。山があり、谷があり、森があり、小川があります。谷間には小さな農場があります。農場に住むのもいいだろうなあと思うこともよくあります。

　ときどき、山にハイキングに行きます。森の中にいるのはとても気持ちのいいものです。空気はきれいでとても静かです。

　山の頂上まで登ると、すばらしい景色も眺められます。いつも驚くのは、なんと遠くまで見渡せるのだろうということです。世界はこんなに大きく、私はこんなに小さいのです。でも、とてもいい気持ちです。

使える応用表現！

1. I like being in the countryside.
2. Hokkaido has many places of great natural beauty.
3. I enjoy bird watching.
4. I've planted many trees and flowers around my house.
5. My hobby is photographing wild animals.
6. I'd rather go to the ocean than to the mountains.

和訳

1. 田舎にいるのが好きです。
2. 北海道には美しい大自然が残っている場所が数多くあります。
3. バードウォッチングを楽しんでいます。
4. 家の周りに木や花をたくさん植えています。
5. 野生動物の写真を撮るのが趣味です。
6. 山よりも海に行くほうが好きです。

第5章　社会・人間に関して、自分の意見を伝えよう！

33 自然

パターン B ▶ 自然を守るために協力すべきです

英語で言ってみよう！

I live in the city so I don't see much nature. If it isn't too cloudy or smoggy I can sometimes see the mountains in the far distance. They remind me that there's more to life than just making money.

It's also fairly easy for me to go to the ocean. I like to walk along the beach and hear the sound of the waves and the seabirds. It makes me forget my worries.

In my free time I sometimes read books about ecology or watch nature programs on TV. I realize that in many places in the world the environment is in danger. We all have to work together to protect nature.

★ 覚えておくと得する表現・語句

smoggy「スモッグに覆われた」
in the distance「遠くに」
 * That's our company in the distance.
「遠くに見えるのが、わが社です」

worry「心配事」
 * problem「問題」
be in danger「危険な状態にある」
 * be out of danger「危険を脱している」

日本語で確認！

　私は都会に住んでいるのであまり自然を目にすることはありません。雲があまりなく、スモッグもかかっていない日には、遠くに山々がときどき見えることもあります。それを見ると、金を稼ぐだけが人生じゃないんだな、と思ってしまいます。

　また、海にはけっこう簡単に行くことができます。浜辺を歩きながら、波の音や海鳥の声を聞いているのが好きです。そうしていると心配事など忘れてしまいます。

　暇なときは生態学関係の本をときどき読んだり、自然を扱ったテレビ番組を見たりもします。世界のあちこちで環境が危険にさらされているのがわかります。私たちはみな自然を守るために力を合わせるべきです。

使える応用表現！

1. City life is too artificial for me.
2. We can't live without nature.
3. Getting out into nature makes me forget my worries.
4. I'm interested in ecology.
5. Many people take nature for granted.
6. Nature should be preserved at any cost.

和訳

1. 都会の生活は私にはあまりにも人工的な気がします。
2. 自然なしに私たちは生きられません。
3. 自然の中に入り込むと心配事など忘れてしまいます。
4. 生態学に興味があります。
5. 多くの人たちは、自然はあって当然のものと考えています。
6. 自然はなんとしても保護されるべきです。

34 環境

パターン A ▶ 環境を大切にすべきです

英語で言ってみよう！

We all need to care for the environment. The earth is our home. We need to stop pollution in the air, on land and in the sea. Industry has to use pollution control devices.

Everyone has to try to use less energy. Alternative energy sources should be developed. And we should all try to recycle everything we can. Also, animals and plants have to be protected. Their habitats should be preserved.

If we don't preserve the natural environment, we'll have to pay a high price. The climate is already getting warmer and there are holes in the ozone layer. What will life be like in 100 years if we do nothing?

★ 覚えておくと得する表現・語句

device「装置」
* a safety device「安全装置」

alternative「代わりの」
* 「代わりの手段」という意味を持つ名詞としても使われます。
  That's the best alternative to the present computer system.「それが現在のコンピュータシステムに代わる最善のものです」

preserve「…を保護する」

pay a high price「高い代償を払う」
* high の代わりに heavy も使うことができます。

日本語で確認！

　私たちはみな、環境を大切にすべきです。地球は私たちの家だからです。大気や土地そして海の汚染を止めなければなりません。工場は汚染を抑制できる装置を使用しなければなりません。

　みんなエネルギーを節約しなければなりません。代替エネルギー資源を開発すべきです。そして、できるものはすべて再利用しなければなりません。動物や植物も保護されるべきです。それらの生育地も保全されるべきです。

　もし自然環境を保護しなければ、高い代償を払わなければなりません。気候はすでに温暖化していますし、オゾン層には穴があいています。今何もしなければ、100年後の生活はどうなるのでしょうか。

使える応用表現！

1. It's better to use public transportation than to drive a car.
2. Agricultural chemicals can be dangerous.
3. I'm not sure that nuclear energy is safe.
4. The climate is changing.
5. We should protect endangered species.
6. Forests should be carefully managed.

和訳

1. 車に乗るより公共の交通機関を利用したほうがいい。
2. 農薬は危険な可能性があります。
3. 核エネルギーが安全だとは言えません。
4. 気候が変化しています。
5. 絶滅に瀕した種を保護すべきです。
6. 森林は大事に管理されるべきです。

第5章　社会・人間に関して、自分の意見を伝えよう！

34 環境

パターン B 環境保護より経済が大事です

英語で言ってみよう！

I think it's good that people want to protect the environment. But I don't like environmentalists. They want us to do too much. And they say unbelievable things like the world is going to end.

I think we should be worrying about the economy instead. Without a healthy economy people won't have enough food to eat and there'll be more wars. Anyway, it takes money to protect the environment.

If you really think about it, the environment is much better off than it was 50 years ago. So, in fact, things are getting better, not worse. I don't think we have to be so concerned about the environment. It'll take care of itself.

★ 覚えておくと得する表現・語句

instead「その代わりに」
＊通常は文頭や文末に使われます。

without「…なしでは」
＊この without はただ単に「…なしに」という意味ではなく、「もし…がなければ」という条件を示す例です。

Without water we cannot live.「水がなければ私たちは生きられない」

be better off「よりよい状態になる」

take care of ...
「…の面倒を見る、…を処理する」

日本語で確認！

　環境を保護したいと考えることはいいことだと思います。しかし、私は環境保護論者が好きではありません。あまりにも多くのことを求めるからです。また、世界が滅亡するなどと信じられないことを言います。

　そんなことより経済を心配すべきだと思います。健全な経済なしには、十分な食べ物もなくなり、戦争も多くなるのです。とにかく、環境を保護するためにはお金がかかります。

　考えてみれば、環境は50年前に比べずっとよくなりました。実際、事態は悪くなってきているのではなく、よくなってきているのです。環境についてそれほど心配することはないと思います。環境はそれ自身でどうにかなるものです。

使える応用表現！

1. We're already doing enough to protect the environment.
2. Environmental problems are exaggerated.
3. There may be natural limits, but we haven't reached them yet.
4. We've made progress in the control of pollution.
5. Market mechanisms can deal with pollution.
6. Environmental laws don't solve anything.

和訳

1. 環境を守るためにすでに十分よくやっています。
2. 環境問題は誇張されています。
3. 自然に限界はあるかもしれませんが、まだそこまでたどり着いていません。
4. 公害を防止する点においては進歩しました。
5. 市場原理で公害を扱うことが可能です。
6. 環境保護法で解決することは何もありません。

第5章　社会・人間に関して、自分の意見を伝えよう！

35 教育

パターン A ▶ 日本の教育制度はよいと思います

英語で言ってみよう！

I think the educational system in Japan is very good. Elementary and junior high schools provide a solid general education. Then at the high school level, students can either prepare for college work or receive vocational training.

Japan has a highly developed university system. Students can choose from among a wide range of schools. And many different courses of study are offered.

Japanese universities also conduct important scientific research. This is one reason why Japan is so successful in the high-tech field. I think Japan is what it is today because of its educational system.

★ 覚えておくと得する表現・語句

educational system「教育制度」
* educational policy「教育方針」
  educational background「学歴」
  educational standard「教育水準」

vocational training「職業訓練」
* vocational school「職業訓練校」

high-tech「ハイテクの」
* We have to make full use of high-tech devices in order to be successful.「成功するためには、ハイテク機器を使いこなさなければなりません」

what it is today「今日の姿」

日本語で確認！

　日本の教育制度はとてもよいと思います。小学校と中学校ではしっかりした一般教育を行なっています。そして高校レベルになると、生徒は大学への準備や職業訓練を受けたりすることができます。

　日本には非常に進んだ大学システムがあります。学生は広い範囲の学校から選ぶことができます。それにさまざまな講座が提供されています。

　日本の大学では、重要な科学研究も行なわれています。これが、日本がこんなにもハイテク分野で成功を収めている理由の１つになっています。この教育制度のおかげで今日の日本があるのだと思います。

使える応用表現！

1. The good educational system is one reason for Japan's economic success.
2. Japanese students go to junior high school for three years and high school for another three years.
3. Japanese students are relatively strong in the sciences and math.
4. About half of all Japanese people go to college.
5. Adult education classes are very popular in Japan.
6. Many adults take classes in Japanese traditional arts or foreign languages.

和訳

1. すばらしい教育制度が日本に経済的成功をもたらした原因の１つです。
2. 日本では中学校に３年、高校にさらに３年通います。
3. 日本の学生は比較的科学や数学が得意です。
4. 日本人全体の約半数が大学に行きます。
5. 日本では成人教育のクラスが盛んです。
6. 日本の伝統芸術や外国語のクラスを受講する成人がたくさんいます。

35 教育

パターン B ▶ 日本の教育には問題があります

英語で言ってみよう！

Japan's educational system faces many problems. First, the number of students is getting less and less. This is because of the aging of the population. Many schools will have to close.

Second, basic reading and writing skills are declining. This is probably because students spend too much time using computers and playing video games.

Third, the curriculum has expanded but teaching hours have been reduced. Teachers have a hard time teaching everything they're supposed to. Discipline among students has also gotten worse. And some schools have serious problems with bullying.

★ 覚えておくと得する表現・語句

the aging of the population
「人口の高齢化」
＊ an aging society「高齢化社会」
be supposed to ...
「…することになっている」

discipline「規律、しつけ」
＊ home discipline「家のしつけ」
bullying「いじめ」
＊ be mean to ...「…にいじわるする」

日本語で確認！

　日本の教育制度はたくさんの問題に直面しています。まず、学生の数がだんだん減っています。これは高齢化社会のためです。たくさんの学校が閉校しなければならないでしょう。

　次に、基本的な読み書きの能力が低下しています。おそらく学生がコンピュータを使ったり、テレビゲームで遊んだりする時間を多く取りすぎているせいでしょう。

　3番目に、カリキュラムは広がっているのに授業時間が減っています。求められていることすべてを教えるのに、教師は苦労しています。生徒の規律もひどくなっています。いじめが深刻な問題になっている学校もあります。

使える応用表現！

1. Memorization is valued above creativity.
2. Most public schools have a strict dress code.
3. Classes are large so individualized instruction is difficult.
4. Japanese college students do not study as hard as college students in other countries.
5. School boards have a bureaucratic mentality.
6. Many students attend cram schools in the evening.

和訳

1. 創造力よりも暗記が重視されています。
2. ほとんどの公立学校には厳しい服装の規則があります。
3. ひとクラスの人数がとても多いので、一人ひとりに目を配って指導するのは困難です。
4. 日本の大学生は、ほかの国の学生に比べるとあまり勉強しません。
5. 教育委員会は官僚的な考え方をします。
6. 生徒の多くは夜に塾に行きます。

第5章　社会・人間に関して、自分の意見を伝えよう！

36 科学

パターン A ▶ 科学は私たちの生活を快適にします

英語で言ってみよう！

Science is interesting. Through science we learn about the world. We can also live lives that are much more comfortable.

Today we have TVs, computers, cars, spaceships, DVD players and other such inventions. Who could have imagined a hundred years ago that we would be living like this?

I like reading books about science. My favorite field is astronomy. I like to read about the creation of the universe. The universe is a very mysterious place. Science shows us this.

★ 覚えておくと得する表現・語句

interesting「興味深い」
* fascinating「魅力的な」
  stimulating「刺激的な」
  enlightening「啓発的な」

live a life「生きる」
* そのまま訳せば「人生を生きる」ですが、結局のところ「生きる」という意味になります。このように同じ意味の動詞と名詞を連ねて使う例が多くあります。

sing a song「歌を歌う」
die a ... death「…な死に方をする」
do a good deed「善行をなす」
see the sights「景色を見る」

astronomy「天文学」
* chemistry「化学」
  physics「物理学」
  geology「地質学」
  nuclear physics「原子物理学」

日本語で確認！

　科学は興味深いものです。科学を通して私たちは世界を知ることができます。また、より快適な生活を送ることも可能になります。

　現在、私たちはテレビ、コンピュータ、車、宇宙船、DVDプレーヤーそしてその他多くの発明品に囲まれています。だれが100年前にこのような生活を想像することができたでしょうか。

　私は科学に関する本を読むのが好きです。最も興味のある分野は天文学です。宇宙の創造について読むのが好きです。宇宙はとても神秘的です。科学はそれを私たちに教えてくれます。

使える応用表現！

1. Science has conquered nature.
2. Technology is the answer to many of today's problems.
3. Economic success is based on science.
4. Japan is a technologically advanced nation.
5. The Japanese make the fullest use of science.
6. Japan is exploring the frontiers of scientific knowledge.

和訳

1. 科学は自然を征服してしまいました。
2. 科学技術は今日の問題の多くを解く答えです。
3. 経済的成功は科学の上に成り立っています。
4. 日本は科学技術が進んでいる国です。
5. 日本人は科学を最大限に利用しています。
6. 日本は科学知識の最先端を研究しています。

第5章 社会・人間に関して、自分の意見を伝えよう！

36 科学

パターンB ▶ 科学によって生活は昔より本当によくなったでしょうか

英語で言ってみよう！

I like to think about what science means. And this includes a social meaning. The world has changed very much because of science.

Some of the changes are good. We can communicate with other people better and live longer and more comfortable lives. But some of the changes are bad. There are things like nuclear weapons in the world now, and in general the natural environment has suffered.

Are we really so much better off than we were three or four hundred years ago? This is not such an easy question to answer, I think.

★覚えておくと得する表現・語句

what science means「科学が意味すること」
nuclear weapon「核兵器」
 ＊ nuclear war「核戦争」
　a nuclear bomb「核爆弾」
　a nuclear power plant「原子力発電所」
nuclear disarmament「核軍縮」
in general「一般的に」
 ＊ In general, Japan is still a safe place to live in.「一般的に、日本はまだ住むには安全な国です」
suffer「悪影響を受ける、だめになる」

日本語で確認！

　私は科学とはいったい何なのかを考えることが好きです。そして、このことには社会的な意味も含まれます。科学のおかげで世界は大きく変化しました。

　いくつかよい変化もあります。ほかの人との交信が便利になり、長生きできるようになり、より快適な生活もできるようになりました。しかし、悪い変化もあります。世の中に核兵器のようなものが現れたり、全体としては自然環境は被害を被っています。

　果たして、私たちの生活は300〜400年前よりもそんなによくなったと言えるのでしょうか。これは簡単に答えの出せる問題ではない、と私は思います。

使える応用表現！

1. I'm not interested in science at all.
2. Science has made people confused.
3. Japan is somewhat weak in theoretical science.
4. We don't need any more scientific development.
5. I don't want to be controlled by science.
6. Not so many students are eager to study science in Japan.

和訳

1. 科学にはまったく興味がありません。
2. 科学は人間を混乱させました。
3. 日本は理論科学にいくぶん弱いようです。
4. これ以上の科学的発展は必要ありません。
5. 科学にコントロールされたくありません。
6. 日本では科学の勉強をしたいという学生はあまりいません。

第5章　社会・人間に関して、自分の意見を伝えよう！

37 政治

パターン A　私は政治に関心があります

英語で言ってみよう！

I'm very interested in politics. I think it's important that people keep up with politics. We live in a democracy so the people need to take an interest in the issues.

I read the newspaper and visit a number of Internet news sites, so I always know what's happening. I naturally also like to watch the news on TV.

If something makes me really angry, I sometimes write a letter to my representative. Usually, though, I just vote. Mostly I vote for the LDP, but sometimes I vote for another party if I like their candidates better.

★ 覚えておくと得する表現・語句

be interested in ...「…に興味がある」
* I'm very interested in getting involved in politics.「政治に関わることにとても興味があります」

keep up with ...
「(時勢など) に遅れずについていく」

representative「代議士、国会議員」

LDP
「自民党 (Liberal Democratic Party)」
* New Komeito「公明党」
  The Democratic Party「民進党」
  Social Democratic Party「社民党」
  Japanese Communist Party「共産党」

日本語で確認！

　私は政治にとても関心があります。政治に常に関心を持ち続けることが重要だと思います。私たちは民主主義の国で生活しているのですから、常に問題意識を持っているべきです。

　私は新聞とインターネットのいくつかのニュースサイトを読んでいますから、いつも世の中の出来事を把握しています。当然、テレビでニュースを見るのも好きです。

　本当に腹の立つことがあれば、自分の選挙区の代議士に手紙を出したりします。でも普通はただ選挙で投票するだけです。だいたい自民党に票を入れるのですが、候補者が気に入れば、ほかの政党に入れることもあります。

使える応用表現！

1. I keep up with local politics.
2. I support the LDP.
3. I always vote in elections.
4. I like the new prime minister.
5. I sometimes see my representative at weddings and funerals.
6. Japan should take a leading role in international politics.

和訳

1. 地方の政治に常に関心を持っています。
2. 自民党を支持しています。
3. 必ず選挙に行きます。
4. 新しい総理大臣のことが好きです。
5. 結婚式や葬式で、ときどき地元の代議士を見かけます。
6. 日本は国際政治においてもリーダーシップをとるべきです。

第5章　社会・人間に関して、自分の意見を伝えよう！

37 政治

パターン B ▶ 政治は専門家に任せればいいと思います

英語で言ってみよう！

I'm not at all interested in politics. In fact, I dislike politics. Some of my friends are always talking about politics, but to be honest, their talk bores me.

I don't care who wins the election, who is involved in a new scandal, or what the new big issue is. In my work I have to be serious, but in my free time I like to enjoy myself. Arguing about politics is not my idea of a good time.

Also I don't think talking about politics can change politics. I'd rather let the professionals take care of politics. It's their job after all.

★ 覚えておくと得する表現・語句

to be honest「正直に言うと」
* honestly も同じ意味で使えます。

bores me「私を退屈させる」
* Their talk bores me. といったほうが、ただ単に … is boring. と言うよりは退屈さが強調されます。

scandal「スキャンダル」
* a political scandal「政治スキャンダル」

let「…させる」
* 使役動詞の1つです。よって後に使われる動詞には to がつきません。

日本語で確認！

　私はまったく政治に興味がありません。実のところ、私は政治が嫌いです。友だちの中には政治のことばかり話している人もいますが、正直言って、彼らの話には退屈してしまいます。

　だれが選挙で勝とうが、だれがスキャンダルに巻き込まれようが、新しく生じた大論争とは何か、そんなことは私にはどうでもいいことです。仕事はまじめにやらなくてはなりませんが、自由時間は自分の好きなことをして楽しみたいのです。政治について論争するのは私にとって少しもおもしろいものではありません。

　それに政治について語ったからといって政治が変わるわけではないと思います。政治のことは専門家に任せておけばいいのです。結局、それが彼らの仕事ですから。

使える応用表現！

1. I don't like to talk about politics.
2. I didn't vote in the last election.
3. Politicians have close connections with corporations in Japan.
4. It requires a lot of money to be a politician in Japan.
5. Politics is always about raising taxes.
6. My vote doesn't mean anything.

和訳

1. 政治について話すのは好きではありません。
2. この前の選挙では投票しませんでした。
3. 日本では政治家と企業が深く結びついています。
4. 日本では政治家になるのに莫大なお金がかかります。
5. 政治はいつも税金を上げることばかりです。
6. 私の票は何の意味もありません。

第5章　社会・人間に関して、自分の意見を伝えよう！

38 経済

パターン A 日本の経済が気になります

英語で言ってみよう！

The Japanese economy has many strengths. But it also has many weaknesses. First, it has few natural resources. So if the price of these goes up, it could really hurt the economy.

Second, there's too much government debt. Getting rid of it is not going to be easy. Third, there's a lot of competition in the fields of electronics and automobiles. It won't be easy for Japan to maintain its lead.

Finally, Japan is too dependent on foreign food. So the Japanese agricultural base is weak. This problem will probably keep getting worse in the future.

★ 覚えておくと得する表現・語句

strength「強み、長所」
* Everybody has strengths and weaknesses.「みんな長所と短所があります」

natural resource「天然資源」
* 通常、複数扱いで natural resources と言います。

debt「負債、借金」
* a huge national debt「莫大な国債」

get rid of ...「…を取り除く」

日本語で確認！

　日本経済はたくさんの長所を抱えています。しかし、弱点もたくさんあります。まず、日本には天然資源がほとんどありません。ですから、これらの価格が上がると、経済に深刻な打撃を与えます。

　２番目には、政府債務残高が多すぎます。これをなくすのはなまやさしいことではありません。３番目に、エレクトロニクスと自動車の業界において競争が激しいということです。日本がトップを維持していくのは容易ではありません。

　最後に、日本は外国からの食料輸入に依存しすぎています。そのため日本の農業基盤が弱くなっています。この問題はたぶん将来さらに悪くなり続けるでしょう。

使える応用表現！

1. Inflation is low.
2. Service industries are expanding.
3. The stock market is bullish.
4. Domestic consumption has increased.
5. The strength of the Japanese economy is based on exports.
6. Japanese business people are very capable.

和訳

1. 物価上昇率が低いです。
2. サービス業が成長しています。
3. 株式相場は強気です。
4. 国内消費が増加しました。
5. 日本経済の強さは輸出によるところが大きいです。
6. 日本のビジネスマンはとても有能です。

38 経済

パターン B ▶ 物価は高いし、生活は厳しいです

英語で言ってみよう！

These days the price of everything is going up. So it's getting more and more difficult for me to get by. I have to pay a lot for my water, electricity, and phone bills every month. And in winter there's heating oil.

Gas prices are really hurting me, too. And 5,000 yen barely buys anything at the supermarket. This is not to mention all the taxes they make me pay. I have to use almost all my salary just to survive.

This doesn't seem like a good way to live. And I'm worried that things aren't going to get any better in the future.

★ 覚えておくと得する表現・語句

more and more「だんだん」
* 〈比較級＋比較級〉の例。
  higher and higher「だんだん高く」
get by
「(わずかな収入で) なんとかやっていく」
phone bill「電話代」

* **electric bill**「電気代」
not to mention「…は言うまでもなく」
* My wife can speak French, not to mention English.「妻は、英語は言うまでもなくフランス語も話せます」

日本語で確認！

　最近、ものの値段がすべて高くなってきています。そのため暮らしていくのがだんだん大変になってきています。毎月水道や電気、電話などの支払いがたくさんあります。冬には灯油のこともあります。

　ガソリンの価格も大きな痛手です。5,000円あっても、スーパーでそれほど買えません。払わなければならない税金のことは言うまでもありません。暮らしていくだけのために、給料のほとんどを使わなければならないのです。

　これでは生きていくのが大変です。将来的にもまったくよくならないのではないかと心配しています。

使える応用表現！

1. Unemployment is high.
2. Jobs are being outsourced to India and China.
3. Production costs are too high in Japan.
4. Energy costs continue to rise.
5. The pension system has serious problems.
6. Housing is becoming unaffordable.

和訳

1. 失業率が高いです。
2. 仕事をインドや中国に外注しています。
3. 製造原価が日本では高すぎます。
4. エネルギー費は引き続き上がっています。
5. 年金制度は深刻な問題を抱えています。
6. 住宅はだんだん手の届かないものになっています。

39 恋愛

パターン A ▶ お付き合いしている人がいます

英語で言ってみよう！

I'm not married but I do have a girlfriend. We see each other a few times a week. We love each other, but we haven't decided whether to get married yet.

Love sometimes doesn't last, and anyway it's always a good idea to get to know someone well before you tie the knot. My girlfriend sometimes complains that I don't ever tell her that I love her. It may be true that I have a hard time expressing my feelings.

And my friends are sometimes surprised when I tell them I'm a romantic. They think that romantics should look or act differently than other people. But I think being a romantic is a state of mind. It's something on the inside, not the outside.

★ 覚えておくと得する表現・語句

girlfriend
「恋人、(付き合っている)ガールフレンド」
＊「単なる女性の友だち」という意味では用いません。
last「続く」

tie the knot「結婚する」
romantic
「ロマンチスト、現実離れした人」
a state of mind「心の状態」

日本語で確認！

　私は、結婚はしていませんが恋人はいます。週に2、3度会っています。私たちはお互い愛し合っていますが、まだ結婚するかどうか決めかねています。

　愛は壊れることもありますし、とにかく、一緒になる前に相手をよく知っておくことはよいことだと思います。私の恋人は、私が彼女に愛していると言ったことがないと言って、ときどき文句を言います。私が自分の感情をうまく表現するのが下手だというのは本当かもしれません。

　私はロマンティストだと友人に言うと、みんな驚きます。彼らは、ロマンティストというのは風貌も行動も普通の人とはちょっと違うものだと考えています。でも私は、ロマンティストというのは気持ちの問題だと思うのです。外見ではなく、内面にあるものなのです。

使える応用表現！

1. My love life is all right.
2. Love is about making a commitment to someone.
3. Getting married is still a long way off.
4. I think I'm in love with love.
5. She's the perfect person for my wife.
6. I've dated many women.

和訳

1. 私の恋愛関係はまあまあです。
2. 愛とはだれかと深く関わり合うことです。
3. 結婚までまだかなりありそうです。
4. 私は、恋に恋しているのだと思います。
5. 彼女は妻として完璧な人です。
6. これまでたくさんの女性とデートしたことがあります。

第5章　社会・人間に関して、自分の意見を伝えよう！

39 恋愛

パターン B ▶ 真実の愛はなかなか見つかりません

英語で言ってみよう!

I'm sometimes cynical about love. It's not that I think love is a bad thing. Actually, love is something that I'm always thinking about and hoping for. It's just that real love is hard to find.

I've been disappointed many times. I start a relationship with someone thinking that this is finally it, but something always happens. Sometimes, even though we love each other, we somehow just can't seem to get along. Our lifestyles and interests are too different.

Right now I'm single. But I'm trying to enjoy being single. True love is great, but a halfway love only brings unhappiness.

★ 覚えておくと得する表現・語句

cynical「皮肉な」
relationship「(恋愛)関係」
it「(まさに)そのもの、大切なもの」
* That's it.「そのとおり」

halfway「中途半端な」
* We shouldn't do things halfway.「中途半端なことはすべきではない」

日本語で確認！

　私は愛に関してときどき冷ややかになってしまいます。愛がつまらないものだと思っているわけではありません。実のところ、愛とは私が常に考え、望んでいるものです。ただ、真実の愛というものはなかなか見つからないものだ、ということです。

　何度も失望させられました。これこそ愛だと思って、だれかと付き合い始めるのですが、いつも何かが起こってしまいます。ときどき、お互いに愛し合っていても、なぜかうまくいかなくなってきたりします。ライフスタイルや趣味の対象があまりにも違いすぎるのです。

　今、私は独身です。でも独身を楽しむようにしています。真実の愛はすばらしいものですが、中途半端な愛は不幸を招くだけです。

使える応用表現！

1. I'm too busy to have a relationship with anybody.
2. It's difficult to meet women.
3. I had a girlfriend before, but right now there's no one special in my life.
4. Money can't buy love.
5. I'll be single forever.
6. I'm too old to dream of getting married.

和訳

1. 忙しすぎて、だれかと深く付き合う時間がありません。
2. 女性に出会うのは難しいです。
3. 以前は恋人がいましたが、現在は特別な相手はいません。
4. お金で愛は買えません。
5. 私は永遠に独身でしょう。
6. 結婚を夢見るほど、私は若くありません。

40 平和

パターン A ▶ 戦争は絶対に許せません

英語で言ってみよう！

I love peace and hate war. Peace is what people want. War only hurts people and nations. If nations have problems, there's always another way besides war to solve them. War only makes the problems worse; wars just create more wars.

Wars are also expensive. They cost a huge amount of money, so they have a bad influence on the economy. Taxes always have to be raised, too.

Wars also kill a lot of people and destroy a lot of things. Modern war is especially destructive. A lot of innocent people get killed. So I don't like war. If the leaders of some countries want to fight a war, they should fight it among themselves.

★ 覚えておくと得する表現・語句

besides「…のほかに」
* Besides running an English school, he also studies at a graduate school.「英語学校を経営するほかに、彼は大学院でも勉強しています」

expensive「高くつく」

* **costly**「費用のかかる」

destructive「破壊的な」
* weapons of mass destruction「大量破壊兵器」

innocent「罪のない」
* an innocent victim「罪なき犠牲者」

日本語で確認！

　私は平和を愛し、戦争を憎みます。平和こそ、人びとの望んでいるものです。戦争は人びとや国を傷つけるだけです。国家間で何か問題があったとしても、戦争以外に解決する方法が何か必ずあります。戦争は問題をこじらせるばかりで、さらに新たな戦争を引き起こすだけです。

　また戦争はお金がかかります。巨額のお金が費やされ、経済にも悪い影響を与えます。税金も必ず上げなければなりません。

　さらに戦争はたくさんの人間を殺し、たくさんのものを破壊してしまいます。現代の戦争は特に破壊的です。罪のない多くの人びとが殺されます。ですから、私は戦争が嫌いです。国の指導者で戦争をやりたいという人がいるなら、自分たちの間で戦えばいいのです。

使える応用表現！

1. It is encouraging that the Cold War has ended.
2. If we have peace, people can be happy.
3. Peace is a state of mind.
4. Problems should be solved by peaceful means.
5. I hope there will never be a third world war.
6. After Hiroshima and Nagasaki, the Japanese have never forgotten the horrors of war.

和訳

1. 米ソの冷戦終結は喜ばしいことです。
2. 平和であれば、人びとは幸福になれます。
3. 平和というのは気持ちの問題です。
4. 問題は平和的手段で解決されるべきです。
5. 私は第3次世界大戦が決して起こらないよう望みます。
6. 広島と長崎に原爆が投下されて以来、日本人は戦争の恐ろしさを決して忘れたことはありません。

40 平和

パターン B 場合によっては戦争もやむを得ません

英語で言ってみよう！

I don't like war. No one does. But war is sometimes necessary. We have to fight for what we believe in. Of course, we have to first try to use peaceful means to resolve our problems. But if these fail, sometimes there's no choice but to go to war.

Wars shouldn't be fought for power, influence or territory. This is wrong. The only reason to fight a war is to stop a nation from attacking other nations or killing its own people.

If a nation wins a war, we should not celebrate. We should feel sorry for all the people on both sides who have been killed.

★ 覚えておくと得する表現・語句

what we believe in「私たちが信じること」	**but**「…を除いて」 ＊前置詞の but です。
means「手段」	**influence**「支配力、勢力」
resolve「(問題・困難など)を解決する」 ＊ The governments have continued diplomatic efforts to resolve the crisis.「諸外国の政府はその危機を打開するために外交努力を続けてきました」	＊ keep political influence「政治的影響力を維持する」
	territory「領土」 ＊ Sri Lanka was a British territory.「スリランカは英国の領土でした」

日本語で確認！

　私は戦争が嫌いです。だれも好きな人はいないでしょう。しかしときには戦争が必要なこともあります。私たちは信念のために戦わなければなりません。もちろん、問題を解決するために、まず平和的手段を用いる努力は必要です。しかしそれが失敗したときは、戦争を始めざるを得ないこともあるのです。

　権力や勢力、領土争いのための戦争はすべきではありません。これは間違っています。戦争をしてもよいただ1つの理由は、ある国がほかの国を攻撃したり、自国の国民を殺そうとするのをやめさせるためです。

　戦争に勝った国は、それを祝うべきではありません。敵味方双方の殺されたすべての人びとに対して、哀悼(あいとう)の気持ちを忘れてはいけません。

使える応用表現！

1. War is sometimes unavoidable.
2. War is never going to disappear.
3. There's always a chance that Japan will be dragged into a war.
4. Once started, it is hard to bring a war to an end.
5. Japan has renounced war in its constitution.
6. Everyone loses in a war.

和訳

1. 戦争は、ときに避けられないものです。
2. 戦争がなくなることはないでしょう。
3. 日本が戦争に引きずり込まれる可能性はいつもあります。
4. 一度始まると、戦争を終結させるのは難しいです。
5. 日本は憲法で戦争を放棄してきました。
6. 戦争に勝利者はいません。

第5章　社会・人間に関して、自分の意見を伝えよう！

こんな質問がきたら、自分を伝えるチャンス！

◎自然

Do you like going to the countryside?
（田舎に行くのは好きですか）

Is nature important to you?
（自然はあなたにとって大切ですか）

◎環境

What do you think about environmental issues?
（環境問題についてどう思いますか）

Are you concerned about the environment?
（環境について心配していますか）

◎教育

Do you think the Japanese educational system is good?
（日本の教育システムはいいと思いますか）

What do you think is the biggest educational problem?
（一番大きな教育問題は何だと思いますか）

◎科学

Are you interested in science?
（科学に興味はありますか）

Do you think science has made our lives better?
（科学が私たちの生活をよりよくしたと思いますか）

◎政治

Do you like talking about politics?
（政治について話すのは好きですか）

Do you always vote in elections?
（いつも選挙の投票に行っていますか）

◎経済

How's the economy in your country?
（あなたの国の経済はどうですか）

Do you think your economy will recover soon?
（あなたの国の経済はすぐに回復すると思いますか）

◎恋愛

Is there anyone special in your life now?
（今、だれか特別な人はいますか）

Are you getting married this year?
（今年結婚する予定ですか）

◎平和

Is Japan a peaceful country?
（日本は平和な国ですか）

Is there a chance that Japan will be dragged into a war?
（日本が戦争に引きずり込まれる可能性はありますか）

索引
日本語から引く英語表現

●あ

項目	ページ
（…を）あきらめる	132
（…に）飽きる	84
悪影響を受ける	170
汗をかく	118
あたりに	44
（…に）当てはまる	68
（1世帯分の）アパート	80
あらゆる階層の人びと	112
あらゆる職業の人びと	112
あらゆる地位の人びと	112
ある程度	66
言い換えれば	118
Eメール	108
言い訳	116
（…は）言うまでもなく	178
生きる	168
息をする	76
いくぶん	66, 78
いくらか…で	44
（…と）意見が一致する	144
いじめ	166
以上です	20
いずれにせよ	100
1時間半	130
1日1箱	66
一般的に	170
（…するのを）いとわない	60
田舎	40, 156
田舎の	24
嫌な	132
いろいろな…	58
飲食店	58
インボックス	110
ウインドーショッピング	72
ウェブサイト	108
ウェブページ	108
うたた寝する	130
（…と）うまくやる	30
売り上げで	124
うろつく	84
うわさ	144
（…に）うんざりする	84, 144
英会話学校	104
エクササイズ	32
起きたままでいる	128
お気に入り	72
（時勢などに）遅れずについていく	172
（新しい環境などに）落ち着く	148
愚かな	98
（…で）終わる	124
音楽の才能がある	92

●か

項目	ページ
（付き合っている）ガールフレンド	180
海外へ行く	88
（問題・困難などを）解決する	186
外向性の	20
快適な	126
香り	62
科学が意味すること	170
家具つきの	78
核兵器	170
歌詞	94
かっこいい	76
かなり	78
金を儲ける	102
（…を）我慢する	90, 148
（…に）通う	26
かろうじて	80
かわいい子	46
（…の）代わりに	58, 64
代わりの	160
…感	118
観客	100
（恋愛）関係	182
（…に）関係している	122
観光地	90
（借金などを）完済する	150
（…の）感じ	118
（…を）甘受する	132
（…のように）感じる	82
完全に	118
がんばる	128
完璧な	104
（…する）機会に恵まれる	126
危険な状態にある	158
きちんと	144
喫茶店	64
基本的には	74
気持ちが落ち着いた	126
（短い）休暇	82
教育制度	164
（…に）興味がある	172
興味深い	168
規律	166
（…から）切り離す	102
近所	78
勤務時間	142
くたびれる	72
朽ち果てる	80
（給料などで）暮らしていく	134
傾向	54
刑事もの	96
ゲーム番組	112
けがをする	118
結婚している	20
結婚する	180
健康である	34
現実離れした人	180
（…の）権利	68
恋人	180
郊外	26
香料に富んだ	54
（あれこれ命令して人を）こき使う	138
心の状態	180
国会議員	172
子どもを育てる	22
（…に対する）好み	96
（…について）好みがうるさい	56, 94
好みのもの	72
ごみ	114
今日の姿	164
コンピュータ関連の	122

●さ

項目	ページ
最後には…になる	50
最初は	126
（悪条件、不十分なものを）最大限に利用する	140
サイト	108

189

（生まれつきの）才能がある	92
叫ぶ	140
…させる	138, 174
残業する	44
（…に）賛成の意を表す	144
散歩する	22
（人と一緒に）時間をつぶす	84, 114
仕事仲間	48
…したものだった	38
しつけ	166
…してもらう	138
支店	122
（…の）品ぞろえ	124
支配力	186
しばらくの間は	128
自分（自身）のために	56
地味な	74
自民党	172
社交的な	20
社長	138
借金	176
ジャンクフード	34
周囲	156
（…に）集中する	122
（…を）習得する	106
重要であること	60
受信箱	110
手段	186
主婦	38
趣味	96
上司	138
正直に言うと	102, 174
（…が）上手な	92
上品な	56
職業訓練	164
（日常の）食生活	34
職務	148
食欲	54
食欲を出す	118
所在	78
（…を）処理する	162
私立の	28
（人の）神経に障る	46
人口	24
人口の高齢化	166
信じられないほどの	132
人生が何であるか	102
慎重に選ぶ	114
心配事	158
（…を）辛抱する	90
進歩する	106
親友	50
（…を）信用する	126
（…に）信頼を置く	126
（人生・行動などの）進路	40
（…が）好きである	92
スキャンダル	174
少なくなる	24
すごく	90
（小説・劇などの）筋	96
すし詰めになって	132
ずっと	30, 142
スパム	110
スモッグに覆われた	158
…することになっている	90, 166
…することは～です	70
するのが楽しみなこと	88

…するはずである	90
…するようになる	126
請求書	128
（機械などが）正常に動かない	110
成績	30
勢力	186
世話	60
先輩	136
そうすることで	84
装置	110, 160
創立された	124
その価値がある	74
その代わりに	162
その日の残り	62
（まさに）そのもの	182
そのような方法で	64
そば	58
それが…の理由です	44
それだけです	20
それで…なのです	112
それにもかかわらず	134
それはナンセンスです	118
それほど	94
（…を）存続させる	136

●た

代議士	172
退職	150
（まさに）大切なもの	182
（…を）ダウンロードする	114
高い代償を払う	160
高くつく	184
多額の	134
妥協	116
たくさんの	134
（…に）達する	150
楽しい	36
（…を）楽しみにする	150
だめになる	170
だんだん	178
小さな農場	156
近くに	44
知人	50
中規模の	28
中途半端な	116, 182
長所	176
（…が）ちらりと見えること	90
通勤する	130
続く	180
（…に）勤める	20
つまり	118
罪のない	184
強み	176
手当	126
適切な	70
適切に	144
（悪条件、不十分なものを）できるだけうまく利用する	140
テレビをつけたまま	112
天気がよければ	48
（…を）転勤させる	146
天然資源	176
天文学	168
電話代	178
同時に	104
同窓会	48
同僚	48
遠くに	158

特売品	56
どこか新しいところ	88
どこか特別なところ	44
とても小さな	80
とにかく	100
（…を）取り除く	142, 176
トレーニング	32
どんな…でも	116
どんなに…しても	94

●な

なおかつ	134
…なしでは	162
何かすること	84
（新しい環境などに）慣れる	76, 148
（それは）ナンセンスです	118
なんとかして	152
（わずかな収入で）なんとかやっていく	178
（大学・高校の）２年生	66
（食事などを）抜く	54
願い事	60
（病人が）寝たきりの	42
ネットサーフィン	108
眠り込む	62
年金	152
年功	136
脳卒中	42
（…を）除いて	186

●は

（…を）配達する	138
ハイテクの	164
破壊的な	184
破産する	152
場所	78
離れていることが情をいっそう深める	146
挽きたてのコーヒー	62
（…を）引き継ぐ	40
（…に）引っ越す	26
ひどい	132, 140
ひどく	90
人びとが言うように	146
皮肉な	182
ひび割れ	80
備品	110
表面的な	76
昼寝する	130
不可解	144
（知識・考えなどの）深さ	98
服装に気をつかう人	76
負債	176
ふざける	142
ふさわしい	70
不思議	144
再びやってくる	82
２日間の休み	82
（…に）不満な	136
ぶらつく	84
フリーソフト	108
ブログ	108
雰囲気	60
文学士	28
平日	36

別々に暮らして	146
豊富な	134
暴力	98
（…の）ほかに	184
（…を）保護する	160
欲しいものは何でも	20
本当のことを言うと	106

●ま

まあ	68
マイホーム主義者	36
前向きな態度	42
まずまずの	46
また	46
まだまだ先に	152
まったく	118
見た目のいい	74
名所	90
めったに…しない	32
面倒な	148
（…の）面倒を見る	162
もう１時間	130
（…を）持ちこたえさせる	136
もともと…の出身です	20
物事	136

●や

厄介な	148
やっと	80
山にハイキングに行く	156
（…を）やりすぎる	118
（困難なことを）やり抜く	40
養護施設	42
要するに	74
よく考えて買い物する人	70
より健康な状態になる	114
より幸せな状態になる	114
よりよい状態になる	114, 162
（…に）よる	60
（…を）喜ばせる	144

●ら

良好です	32
領土	186
恋愛関係	22, 182
恋愛小説	100
（人と）連絡を保つ	48
老人ホーム	42
ロマンチスト	180

●わ

（…が～だと）わかる	106
私	38
私が歌うべきだと主張する	92
私がしたいこと	22
私がしたいすべてのこと	72
私が住むところ	80
私たちが信じること	186
私は思います	22
私を退屈させる	174
悪い習慣	66
悪くない	46

〔著者紹介〕

浦島　久（うらしま　ひさし）
　1952年北海道豊頃町生まれ。小樽商科大学（経営学）、帯広畜産大学修士課程（農業経済）を修了。大学卒業後に松下電器産業株式会社（現：パナソニック株式会社）へ入社するが、1977年に北海道へUターンし、帯広市にて英会話学校「イングリッシュハウス・ジョイ」を設立。現在は、ジョイ・イングリッシュ・アカデミー学院長、小樽商科大学特認教授。
　著書に、クライド・ダブンポートとの共著で『自分の気持ちを1分間英語でつぶやいてみる』『3行英語で自分のことを書いてみる』（以上、KADOKAWA）、『音読JAPAN』（IBC）、など多数。
　ブログ「浦島久の玉手箱」http://www.joyworld.com/blog/

クライド・ダブンポート（Clyde Davenport）
　1957年米国イリノイ州シカゴ生まれ。ソノマ州立大学（心理学）卒業後、オレゴン大学にて修士課程（アジア研究）を修了。1988年に来日し、帯広市にある英語学校「ジョイ・イングリッシュ・アカデミー」にて専任講師として勤務後、広島県立大学助教授として共通教育（英語）を担当。その後、英会話講師、英会話書の執筆、翻訳及び英文校閲の仕事に従事。

●付属のCDは、CDプレーヤーでお聴きください。お聴きになった後は直射日光や高温多湿を避けて保存してください。

カラー改訂版
CD付1分間英語で自分のことを話してみる（検印省略）

2016年6月17日　第1刷発行
2020年5月30日　第5刷発行

著　者　浦島　久（うらしま　ひさし）
　　　　クライド・ダブンポート
発行者　川金　正法

発　行　株式会社KADOKAWA
　　　　〒102-8177　東京都千代田区富士見2-13-3
　　　　0570-002-301（ナビダイヤル）
　　　　受付時間　11:00～13:00、14:00～17:00（土日　祝日　年末年始を除く）
　　　　https://www.kadokawa.co.jp/

落丁・乱丁本はご面倒でも、下記KADOKAWA読者係にお送りください。
送料は小社負担でお取り替えいたします。
古書店で購入したものについては、お取り替えできません。
電話049-259-1100（10：00～17：00／土日、祝日、年末年始を除く）
〒354-0041　埼玉県入間郡三芳町藤久保550-1

DTP／ニッタプリントサービス　印刷・製本／加藤文明社

©2016 Hisashi Urashima & Clyde Davenport, Printed in Japan.
ISBN978-4-04-601456-6　C2082

本書の無断複製（コピー、スキャン、デジタル化等）並びに無断複製物の譲渡及び配信は、著作権法上での例外を除き禁じられています。また、本書を代行業者などの第三者に依頼して複製する行為は、たとえ個人や家庭内での利用であっても一切認められておりません。